W0388996

Edition Akzente
Herausgegeben von
Michael Krüger

Oskar Pastior

Kopfnuß Januskopf

Gedichte in Palindromen

Carl Hanser Verlag

ISBN 3-446-15905-3
Alle Rechte vorbehalten
© 1990 Carl Hanser Verlag München Wien
Umschlag: nach einem Entwurf von Klaus Detjen
unter Verwendung einer Photographie
von Silke Ahrens
Satz: LibroSatz Kriftel
Druck und Bindung: Pustet Regensburg
Printed in Germany

wie soll ich nun nacheinander diese frage in antwort stellen oder bringen, oder kehren nur wieder die dinge der syntax zur umkehr meiner, bitte, danksagung ohne gewähr für angst, ohne rücksicht auf mangel im nachdenken, zum vorgang dessen, was wäre, wenn wäre, was dessen vorgang zum nachdenken im mangel auf rücksicht, ohne angst für gewähr, ohne danksagung, bitte, meiner umkehr zur syntax der dinge, die wieder nur kehren oder bringen oder stellen antwort in frage, diese, nacheinander, nun ich soll, wie?

I

liest sich irreversibel die zeit sozusagen selber aus palindromitis? oder wer ist es nachher oder vorher mit oder ohne befugnis, der über dennoch orientierung verfügt? und wahrscheinlich unterbietet. es sei erinnerungslos und vorstellungsfrei, was aber niemand sagt. darum paßte es keineswegs nur syntaktisch. nicht schmerzensgeld etwa oder haftentschädigung – bloß relation. gegen unbestimmtheit lesen wir zu schnell, damit im rückspiel klappt, was sonst vorgang heißt. auch ein gewisses knicken oder sätze, die silben stechen, wo es entlang geht. übrigens, geht *entlang* es? *wo* stechen silben die sätze (oder knicken gewisses ein)? auch heißt vorgang sonst »was«, klappt rückspiel im »damit« schnell zu. wir lesen: unbestimmtheit »gegen« relation, »bloß« haftentschädigung, oder »etwa« schmerzensgeld. nicht syntaktisch nur, keineswegs. es paßte. darum sagt niemand aber was vorstellungsfrei und erinnerungslos sei – es unterbietet wahrscheinlich und verfügt orientierung dennoch über der befugnis, ohne oder mit vorher oder nachher. »es« ist wer »oder« (palindromitis) aus selber, sozusagen, zeit, die irreversibel sich liest verquickung, erwidere ich dünn, hebt geist und lidschatten – so nur knicken vier, die drei sind, zwei mal ein oder stellen diesen in rechnung mit hindernis als raumkleber von sozusagen einweg oder beihilfe zur präsenz – deren laszive pupille als anwalt ihm dient. *folglich* dient ihm anwalt als pupille, laszive, deren präsenz zur beihilfe oder einweg sozusagen von raumkleber als hindernis mit rechnung in diesen stellen – oder ein mal zwei sind drei; die vier knicken nur so: lidschatten . . . und geist? hebt? dünn? ich? erwidere? – verquickung gibt es die, die zischen, obliegt es denen, denen es gebricht. fundamental ist vieles, und man hat mischzellen. hat knochenbutter oberwasser, nimmt gurgel hindernis. macht gegebenheit siebe, rückt mischmut auf. liegt aber zwischennische genau, ist frischmuster verzahnt – *himmlisch* verzahnt! frischmuster ist genau, zwischennische aber liegt auf, mischmut rückt siebe, gegebenheit macht hindernis, gurgel nimmt oberwasser, knochenbutter hat mischzellen, hat man, und vieles ist. fundamental gebricht es denen, denen es obliegt, zischen die, die es gibt barackenlager einfach oder sonstwo krapp – das heißt sie schlacken fiskultur zu halterungen aus, brigadenweise batterien salamander von scharenhorst- und mannesmannomenklatur durch anrufung; davon genehmigen sie überlauf mit auszähnung durch eidesstatt bis klappenträgertum und woher sonst gedunsenem an specken emblemen – zu unversehens werden hergeholte breit! ja die koksochymen gasophoren podvaliden, die kausaldiffusen internationalen nolensbenevolen! – alle schwaden vom stiften, *sie* listen krampenträger auf: eignung auf krampenträger-listen, sie stiften vom schwaden alle nolensbenevolen internationalen kausaldiffusen, die podvaliden gasophoren koksochymen! die ja breit hergeholten werden unversehens zu emblemen, specken an gedunsenem sonst – woher! und klappenträgertum bis eidesstatt durch auszähnung mit überlauf – sie genehmigen davon anrufung durch mannesmannomenklatur und scharenhorst von salamander; batterien, brigadenweise aus halterungen zu fiskultur, schlacken sie – heißt das krapp sonstwo oder einfach barackenlager verwitterung in pansen : schrein aus lade oder wade, schrein sie, gußeibendruß zockt hinselich speib – so schält einharsch sich aus insgeweih : karpellen da, parzellen dort – keim utterfluh im jahre ballops törf (scham ahnen, erbinterner zeuter) qua eingemeindung ihrer schnauzen – schau : schnauzen ihrer eingemeindung qua zeuter erbinterner ahnen-scham »törf ballops« – jahre im utterfluh! keim dort parzellen, da karpellen! insgeweih aus sich, einharsch schält so speib hinselich, zockt gußeibendruß, sie schrein : wade oder lade aus! – schrein pansen in verwitterung das um die windeln »sich spreizende«, wenn davon schon attacken und streifen brechen, auge ins drehbuch, ein jupiter zum flicken (diese patschen um goliath) – monströse zahnung »schellenberg«, deren doch nur allenfalls obszönen sägewalzen wie wohneinheiten ticken (sehgewohnheiten), die dies um das schlingen, makromolybdäne min-kulturen, passiermehlwälzungen um welsungenpanik – es gibt da höfe um weitverbreitetes und unverfrorenheit (»die welt« der in »alles um nichts« zuckenden, genau!), das zufügbar macht und so gemein duldsam ist vor dem, das durch umstellung kommt : spreizend kommt umstellung durch das dem vor, ist duldsam gemein so und macht zufügbar das »genau zuckenden« – nichts um alles in der welt die unverfrorenheit und weitverbreitetes um höfe; da gibt es welsungenpanik um passiermehlwälzungen (min-kulturen, makromolybdäne, schlingen das um dies), die sehgewohnheiten ticken, wohneinheiten wie sägewalzen obszönen allenfalls nur – doch deren schellenberg-zahnung monströse goliath um, patschen diese flicken zum jupiter : ein drehbuch! ins auge brechen streifen – und attacken schon davon, wenn spreizende sich windeln, die um das tilgt gehung hier, wenn tilgung geht, noch durch? soll gehung überhaupt durch oder bloß abendwind dort so und freiwild (flottieren)? es könnte ja ansatzweise zunächst durchaus durchwachsen wirklich, dann selbst fürchterlich golonom bis genußvoll (geburtsragout) – aber eigentlich weshalb sollte es? was manchmal umstülpung verheißt, ist eigenfraß, der nie der eigenfraß ist. verheißt umstülpung manchmal was? »es« sollte. weshalb eigentlich aber »geburtsragout, genußvoll bis golonom, fürchterlich«? selbst dann wirklich durchwachsen, durchaus, zunächst ansatzweise. Ja, könnte es flottieren! freiwild, und so dort abendwind bloß, oder durch . . . überhaupt, gehung soll durch! noch geht tilgung, wenn hier gehung tilgt wichsten jenen sogenannten schinken jener klopfer, die jenen schinkenklopferklopfern jenen knickerbockerknickern recte ihnen hoppelvölkisch oder einfach völlig locker durchgehn ließen, was die ihnen unterbüxten, joppenledermäßig; denn hosenbodensäßig waren jene trockensockenträger träge, stopften jenen lodenhodenpinkel, den sie, während an den gruben kessel standen, wegputzend verunbleuten veranschlagten, also kurzum : traten sie den sackhüpfer zum dauereierlauf, den luden, gaben sich parolen für palaver und bebolzten wieder jenen die gemütsverschiebungsmuttern, die jenen wieder bebolzten und palaver für parolen sich gaben, luden den dauereierlauf zum sackhüpfer, den sie traten, kurzum also veranschlagten verunbleuten wegputzend, standen kessel, gruben den an, während sie den lodenhodenpinkel jenen stopften – träge trockensockenträger; jene waren hosenbodensäßig, denn joppenledermäßig unterbüxten ihnen die was, ließen durchgehn locker völlig einfach oder hoppelvölkisch ihnen recte knickerbockerknickern jenen schinkenklopferklopfern jenen, die klopfer jener schinken sogenannten jenen wichsten stundung also mit jenem und solchem, sonst spielten womöglich sondergutachten über demnächst, bitte, abschiebungsverständigungen diese dort, wie jene, fast seifensiederisch zu. die sie tun bzw. abtun. und wir hätten unwiderruflich nur und laufend abwicklung mit gegenlauf im gefolge – holde einheit als spaltpilz? aus schätzung käme dann jeder: ist setzung möglich? nicht verschränkt gingen sie, doch kamen dann andere, und wieder, und andere. dann kamen doch sie, gingen verschränkt – nicht möglich. setzung ist jeder. dann käme schätzung aus spaltpilz als einheit . . . holde gefolge im gegenlauf mit abwicklung (laufend, und »nur« unwiderruflich) – hätten wir! und abtun bzw. tun sie *die* zu seifensiederisch fast (*jene*, wie dort *diese*): abschiebungsverständigungen, bitte, demnächst über sondergutachten womöglich, spielten sonst solchem und jenem mit. also stundung ab nimmt vollmond. neumond nimmt zu. schreibt a wie abwärts und zet im zeigersinn wo daumen rechtshänder links führt und blinddarm den herzenswunsch verkehrt – dann gibt es die courtoisie der xenien, andere sprachen andere monde, sind schriften mit ein und aus und ab und auf häuser und parteien unter flügelwind ein trabantenporno gegen geschlechtswut – luna beschreibt abschaumweitung, sichel schildert zunderhalde, atemlos nagt symmetrie auf widerruf am allgemeinen : im mondlicht scheint vorderhand schwarz auf weiß auf schwarz vorderhand, scheint mondlicht im allgemeinen am widerruf auf, symmetrie nagt atemlos zunderhalde – schildert sichel abschaumweitung, beschreibt luna geschlechtswut gegen trabantenporno, ein flügelwind unter parteien und häuser; auf und ab und aus und ein mit schriften sind monde andere sprachen, andere xenien der courtoisie; die es gibt; dann verkehrt herzenswunsch den blinddarm und führt links rechtshänder-daumen wo zeigersinn im zet und abwärts wie a schreibt. zu nimmt neumond, vollmond nimmt ab vollinhaltlich, doch überfrachtet weidlich mann und maus, gleichwohl getrieben wie zerrieben, sackt sie durch über sätzen, welche aber bambusfallen oder fallidentitäten nicht nur filtern sondern sie bestellen – nur nicht so gänsemarschmäßig, denkst du, bevor sie kommen; währenddessen schwelt sie ungehindert gründlich, schnappt und kasimiert – redefluß. mein halsausschnitt ist überall verstreut. ihn hat gablung ermöglicht. gablung hat ihn verstreut. überall ist halsausschnitt. mein redefluß kasimiert und schnappt gründlich ungehindert – sie schwelt. währenddessen kommen sie, bevor du denkst, »gänsemarschmäßig« – so nicht nur bestellen sie sondern filtern (nur nicht fallidentitäten oder bambusfallen) – aber welche setzen über : durch sie sackt zerrieben wie getrieben gleichwohl maus und mann – weidlich überfrachtet, doch vollinhaltlich trifokal aber erscheinen strauchritter auf figuren, die sich bauschen, sonderbarerweise viermal *schnaufend* – viermal sonderbarerweise bauschen sich die figuren auf strauchritter, erscheinen aber trifokal unterschwellig auf gespannten seitenpfaden zu den lauern grauen mittelfeldes, puschen schlaufen ungeheurer rauchhosen plötzlich da sehr *heraus*, sehr da plötzlich: rauchhosen ungeheurer schlaufen puschen mittelfeldes grauen, lauern den zu seitenpfaden gespannten auf – unterschwellig trifokal aber erscheinen strauchritter auf figuren, die sich bauschen, sonderbarerweise viermal. *schnaufend* viermal, sonderbarerweise, bauschen sich die figuren auf strauchritter, erscheinen aber trifokal gabeln, die auf verteilertafeln sich gabeln, gelegentlich durch jungfernzeugung oder reibungsverlust ohne absicht – diese gangart steht drauf. gelegentlich gehn zwar querläufer durch die lappen oder fallen unfallsraten an, nagen an uns: dienen auswege zu anderem flattern, formen gehversuche die schwächen. schritte, die auch zusammen laufen, beschönigen die weichen stellen auseinander, hand in hand mit gabeln – andere gabeln mit, hand in hand auseinander, stellen weichen: die beschönigen, laufen zusammen. auch die schritte schwächen die gehversuche, formen flattern anderem zu. auswege dienen uns an, nagen an unfallsraten, fallen oder lappen die durch querläufer zwar, gehn gelegentlich drauf. steht gangart diese absicht ohne reibungsverlust oder jungfernzeugung durch – gelegentlich gabeln sich verteilertafeln auf, die gabeln denkt sich was! – ausbucht schafft wangennachbarschaft zur kleinöde, ihre ganglien reiben ferkel dem laufsteg für attrappen und insignien auf paros – oder rügen sie die schnappenfäller? die falsch lauten teller (vom hüpfen, schau schau) füllen mottentreiber an : fetzer eppich! den unter schollen trepaniert bolero – ein kapriziöses knochen der nadel : es walnußt ihm ein anatolien vor anomalien; und bald fallen jenem leuchten jauchenwannen, leuchten jenem fallen bald und anomalien vor anatolien ein – ihm walnußt es nadel der knochen kapriziöses : ein bolero trepaniert schollen unter den eppich, fetzer an mottentreiber – füllen, schau schau, hüpfen vom teller, lauten falsch die schnappenfäller die sie rügen oder paros auf insignien und attrappen für laufsteg – dem ferkel reiben ganglien ihre kleinöde zur wangennachbarschaft, schafft ausbucht was sich denkt putergekröse im dessous, aufgepluster im nistrang – seht : scheidenverhuscht wie x mondwischmonde (»als damaszener«) klingen gurgler »nach kreterbeispiel« dem herpes-diabetes rubinrot : was ringelt, das pickt was – jodlerkartei! wir strangulieren weiter etwas, ecken drei um fünf gobelinfritzen – also melonen und schafsnasen, der springbrunnen am tablett; das einhorn im vexierbild tröpfelt salome aus ananas: vorlagen wie aufsatzkörbe und najadenhenkel sind dumm wie rahmenanamnesen – wie dumm sind najadenhenkel und aufsatzkörbe? wie vorlagen : ananas aus salome tröpfelt vexierbild im einhorn das tablett am springbrunnen der schafsnasen und melonen also, gobelinfritzen fünf. um drei ecken etwas weiter strangulieren wir jodlerkartei. was pickt, das ringelt was (»rubinrot diabetes-herpes«) dem kreterbeispiel nach : gurgler klingen damaszener als mondwischmonde x – wie scheidenverhuscht, seht : nistrang im aufgepluster, dessous im putergekröse täglich lieget osram samson unter rebus mathematiks chrysanthema – mühlos komüsch findet kläglich diotimas rahmphimosis an kytheras warzen titan. pfleglich trichtert heute theseus, morgen nero sich in mini-beulen efeus donner-epos – diese endlich wieder strebig thisben thetis polymorph;. thetis thisben strebig wieder endlich diese: epos donner efeus beulen-mini in sich nero, morgen theseus, heute trichtert pfleglich titan warzen kytheras an rahmphimosis diotimas kläglich, findet komüsch mühlos chrysanthema mathematiks – rebus unter samson osram lieget täglich seis drum – umschichtig wurden reißwolfscheiben solcher steißgeburten schlankweg eingeblockt; nun waren die mäuler (zumindest kurzweilig) umbrochen. obwohl man sagte, sie bräuchten da nur anzuschließen, waren jene kursiv, gleichsam, fielen umständlich und flach, groschen durch grachten : als wollten andere sie umlastig oder gruppierten aus ihnen weißwurstscheibenweise punktschrift mit durchschuß (seismographen) »hüben als drüben« – als hüben seismographen durchschuß mit punktschrift weißwurstscheibenweise ihnen aus gruppierten (oder umlastig *sie*); andere wollten als grachten durch : groschen flach und umständlich fielen gleichsam kursiv – jene waren anzuschließen; nur da bräuchten sie, sagte man, obwohl umbrochen kurzweilig, zumindest mäuler; die waren nun eingeblockt – schlankweg steißgeburten solcher reißwolfscheiben wurden umschichtig, drum seis regeln sie was anderes als das regeln, dann und nur dann scheiteln sich die scheitel über scheiteln aus, reiben diese durch, hebeln sinksam sich unter, dereinst wie dermaßen formal bis lammfroh ja aus sich selber: klinken vor türdünken denken, über sich spüren sie abstrich wie pumpernickel und schnecke zur regel durch übereinkunft: haut ab haar nimmt haar ab, haut übereinkunft durch regel zur schnecke – und pumpernickel wie abstrich, sie spüren sich über (denken türdünken vor), klinken selber sich aus, ja, lammfroh bis formal dermaßen wie dereinst unter sich sinksam, hebeln durch, diese reiben aus scheiteln – über scheitel die sich scheiteln dann, nur, und dann regeln, das, als anderes, was sie regeln blatt misch nau, sirikapphe; erbestrebse dumpelt vor halmu respektive skulters; dich, sieh, wäre nie gezussen mäher eines aus nuschmalm asbest! wie umzufriedenst veranschlagen heterogenosen die schaumharten zu gemischten deichen aus solchen teilen, die sich konstituieren und sie begrenzend sich in grenzen diese schwelgen über oder finten in thesen malen und sie speichern sie und malen thesen in finten oder über schwelgen, diese grenzen in sich begrenzend, sie, und konstituieren sich, die teilen, solchen aus deichen gemischten, zu schaumharten, die heterogenosen veranschlagen, umzufriedenst wie asbest. nuschmalm aus eines mäher gezussen nie wäre : sieh dich skulters respektive halmu vor, dumpelt erbestrebse sirikapphe – nau misch blatt speisehäutung aber geist und heischt brautspeisung in geiselkomplex wie kopfsalat zum beispiel im spinatkorb. der hängt zwar keineswegs gebäudefrisch sich spiegelnd oder unerpreßbar – fast röhrenstützling. an freilich kruden maischen ausgeschlüpften, die auch speilabiler wären, schmetten die autogenen bleischäfer ihre preiselgegend – doch ist geierwally geiselprägend? sind flintschen in lösegeld wie ziegenpeter in gipsbrei einwandfrei jodkontakt? einwandfrei. gipsbrei in ziegenpeter wie lösegeld in flintschen sind geiselprägend : geierwally ist doch preiselgegend! ihre bleischäfer autogenen, die schmetten wären speilabiler auch, die ausgeschlüpften maischen kruden freilich an röhrenstützling – fast unerpreßbar oder spiegelnd sich gebäudefrisch. keineswegs zwar hängt der spinatkorb im beispiel zum kopfsalat wie geiselkomplex : in brautspeisung heischt und geist aber speisehäutung odeur niemand dafür alle waren immer dafür knie : konnte jeder jeden jemals sollte keiner je bar cœur : niemand fände jeweils riga stünde dafür jeweils nö : wem zufolge je zuweilen queue für spiel was bleu zum fell : hatte niemand dabei femur odeur wigwam fröhsal leidlich : problematisierung einer störzahl ohne jemand sollte jeweils schimmer gyges kriegen odeur beugen – odeur kriegen gyges schimmer : jeweils sollte jemand ohne störzahl einer problematisierung leidlich fröhsal wigwam odeur femur : dabei hatte niemand fell zum bleu : was spiel für queue zuweilen : je zufolge wem nö jeweils dafür stünde : riga jeweils fände niemand cœur bar je : keiner sollte jemals jeden : jeder konnte knie dafür : immer waren alle dafür niemand odeur schmuckstück, sagte er. wieso, fragte sie. mist im haufen, nein dutzend im stück – flächendeckend kondomte es weiter. ja, er war lehrer, ein schicksal hatte sie : langeweile aus hongkong oder grippe aus gewohnheit. ach so vieles ist artikuliert, denn sie reduzieren beide – abaton auf hamburg, jute auf elvira, zimbabwe auf nomenklatur. hurrah, sagt er, warum, fragt sie, und sie kippen ihre kippen, und sie fragt warum, er sagt hurrah, nomenklatur auf zimbabwe, elvira auf jute, hamburg auf abaton. beide reduzieren sie. denn artikuliert ist vieles so ach gewohnheit aus grippe oder hongkong aus langeweile. sie hatte schicksal, ein lehrer war er ja weiter – es kondomte flächendeckend stück im dutzend, nein haufen im mist. sie fragte wieso, er sagte schmuckstück drüber klemmen sauber streifen kleben und stiften: sie üben weichen klopfen die sich unter hopfen stellen knast und gleim papieren – unentwegt jodeln grappelpuppen hinter sieben drucken walzen zeichen: sägen sie wie leichenzehrerbussard über federn – basta! flögen hobelfelgenzwingen, segelten bandagen wie schienen, kleisterten die zederföhren – die kleisterten, schienen wie bandagen, segelten hobelfelgenzwingen, flögen basta federn über leichenzehrerbussard – wie sie sägen zeichen walzen drucken sieben hinter grappelpuppen jodeln unentwegt papieren gleim und knast, stellen hopfen unter sich, die klopfen weichen üben sie stiften und kleben streifen sauber klemmen drüber raskolnikov ist oft also wie los. was aber macht usambara fast durch? quer hat scharm wos drum, zieht philomela ab schon viel, hat caracas von makadam bloß harm: podvalschtschik leckt backbord knapp zu. fiel dämon zopf vor xenophon ihm daraus flach, schoß flach daraus ihm xenophon vor zopf dämon! viel zu knapp backbord leckt podvalschtschik harm – bloß makadam von caracas hat viel schon ab . . . philomela zieht drum wos scharm hat quer durch, faßt usambara, macht aber was los : wie also oft ist raskolnikov?

einwärts ging schweizer, aber buttermilch lief auseinander, und nichts ergab alles, denn später war es nur schweizer, der einwärts, oder buttermilch, die auseinander lief oder ging. früher konnte da jemand als späher kommen und als schneuzer nämlich gehen – zeitläufte! einstweilen ging schweizer und buttermilch lief, oder es spreizte sie einwärts oder auseinander taufrisch, doch altbacken – spätestens staufer ergaben buttermilchsäufer, aber buttermilchsäufer ergaben staufer spätestens altbacken doch taufrisch auseinander oder einwärts, sie spreizte es – oder lief buttermilch? und schweizer ging einstweilen. zeitläufte gehen nämlich schneuzer als und kommen späher als jemand da konnte. früher ging oder lief auseinander die buttermilch oder einwärts der schweizer, nur es war später, denn alles ergab nichts, und auseinander lief buttermilch, aber schweizer ging einwärts welche kaubewegung hat entropie? nauseale stellen übernehmen funktionen und schaukästen werden leuchtgeziefer. meine hortensien von baikal gebären leichensippen, ganze schwadrone sind ausgerückt, um schlaufen zu kehren zu machen – küstenläufe. es braucht quantitäten, gewisse mindesteinheiten von zulauf. den musterbogenschaum kämmt dann ein sausen, das stellen schmelzen lassen : mausmäuse oder restlichtabgabe der schrumpfung mit baikalwärme stauen baikalwärme mit schrumpfung der restlichtabgabe, oder mausmäuse lassen schmelzen, stellen das sausen ein. dann kämmt musterbogenschaum den zulauf von mindesteinheiten. gewisse quantitäten braucht es. küstenläufe machen zu, kehren zu schlaufen um. ausgerückt sind schwadrone, ganze leichensippen gebären baikal von hortensien. meine leuchtgeziefer werden schaukästen, und funktionen übernehmen stellen. nauseale entropie hat kaubewegung. welche?

a wird eintreten. doch b kann warten. c wird d zu lange brauchen. e und f dürfen zu i und j. g und h betreffen und veranlassen k und l. erst kommt m und n vor o, doch r und s nach p und q. wird t gefolgt haben oder sein? u und v eröffnen w und x, zu machen y – und z und y machen zu. x und w eröffnen v- und u-sein – oder »haben gefolgt«. t wird q und p nach s und r, doch o vor n, und m kommt erst. l und k veranlassen und betreffen h und g, j und i zu dürfen. f und e brauchen lange. zu d wird c. warten kann b. doch eintreten wird a flotten die blusen die jachten dort zusammen (bögen auf homonymen in kutteln) – ein phlogiston für wachteln aus »gobi alpha pumex« : trieben nudeln zu korrespondenzen, fuhren durch leptosome hoden, brachten rochen entgegen – wie ozalithen die kiemen in schüben sich strichen! aus koben und pausen mit flecken die trabanten wichen : grätschen wie kruken auf kruken! wie grätschen wichen trabanten, die flecken mit pausen und koben aus strichen sich schüben in kiemen, die ozalithen wie entgegen rochen, brachten hoden-leptosome durch, fuhren korrespondenzen zu nudeln, trieben »pumex alpha gobi« aus wachteln für phlogiston ein, kutteln in homonymen auf bögen zusammen – dort jachten die blusen die flotten sake-trank und dachte sein – zu kopf mir und goß es, als weichenfüller kamen, dann einer, erst viele, aber zunächst kasematte in seenot-patente, nicht so – es meinte seelenhuberei als hängekoje meiner eisenmotte und wolle erbes-barbes, dachte ich und schrank soße zu szenario-schrein, sie jetzt, und dann sah ich kalamari, in secam dämpften sie flossen aus mir, hakten ein alter-ego-alter ein, hakten mir aus, flossen, sie dämpften secam in kalamari, ich sah dann und jetzt sie schrein szenario zu soße-schrank ich, und dachte barbes erbes wolle und eisenmotte meiner hängekoje als seelenhuberei, meinte es so nicht, patente seenot in kasematte zunächst aber viele, erst einer, dann kamen weichenfüller als es goß und mir kopf zu sein dachte und trank sake so wie es nie grammatik gibt (beispiel: »zum gummi macht radierung« bringt fall zum erliegen; »das gummi radiert« aber anders, denn es reagiert wo es das zum ding radiert – dort bröseln aus liegetaschen die fallen, dort fallen die liegetaschen aus bröseln, dort radiert »ding« zum »das« es; wo reagiert es denn? anders aber radiert gummi das erliegen zum fall, »bringt« radierung, »macht« gummi zum beispiel) gibt grammatik nie es wie so krümmt sich was sich siebt : liest sich was sich schreibt : reibt sich was sich biegt : liegt sich durch was krümelt : nur was baumelt bäumt sich : nur was schäumt haut hin : braut was häutet beutelt sich was rüber : kommt und nagt was sicher findet oder unterdampfend bindet : treibt was essigblau sich sieht : gibt was grad biegt laut was schief schnieft : streckt sich was an sich : legt sich an was reißt : kaut was das was kaut : reißt was an sich : legt sich an was sich streckt : schnieft schief was laut biegt grad was gibt : sieht sich essigblau : was treibt bindet unterdampfend : oder findet sicher was : nagt und kommt rüber : was sich beutelt häutet : was braut hin haut schäumt was nur sich bäumt : baumelt was nur krümelt : was durch sich liegt biegt sich : was sich reibt : schreibt sich was : sich liest siebt sich : was sich krümmt die einfach erzeugte milchsäure – was laufen ließ, bemächtigte sich der fortgezeugten im perfekt: ein spurenkäscher beim abschiedsglück vom unterschlupf im kollergang – wie es ritschratsch war; darum nichts wie fort! ging, und klaubte was zusammen dümmlich, rann daraufhin mit flimmeraugen, es teilte hoheitsrechte, die fettliquidität, wie einen zwang dazu, sich oder einzubüßen – wo doch dies wog oder abschnitt vom abschnitt (oder wog dies : doch wo einzubüßen? oder sich dazu zwang? einen wie fettliquidität?); die hoheitsrechte teilte es flimmeraugen mit, daraufhin rann dümmlich zusammen, was klaubte – und ging fort wie nichts. darum war es ritschratsch wie kollergang im unterschlupf vom abschiedsglück beim spurenkäscher ein perfekt im fortgezeugten : der sich bemächtigte, ließ laufen; was milchsäure erzeugte; einfach die wo von außen nach innen kommt was von anfang nach außen geht; dann aus außen später und nach innen früher wird was nach außen riecht und für später steht; wo, was vor später früher außen, aber was nach später innen eher da steht denn geht; wo das, wann dort von innen nach außen kommt, nur steht wo später aus später geht, so es das tut; was tut, daß es so geht, später aus später wo steht; nur kommt außen nach innen von dort wann das wo geht; denn steht da eher innen später nach; was aber außen früher später vor was wo steht, später für und; riecht außen nach was wird, früher innen nach und; später außen aus dann; geht außen nach anfang von was, kommt innen nach außen von wo korum de : laurum ba : stirum pu : walha la : kara kum : safa ri : notsche pi : raian ka : ziefer lu : mosam big : pia no : colom bo : luta wa : nares be : bebe zi : kalip eu : kaka du : mika do : lybden mo : kadel fri : matra su : libri co libri : su matra : fri kadel : mo lybden : do mika : du kaka : eu kalip : zi bebe : be nares : wa luta : bo colom : no pia : big mosam : lu ziefer : ka raian : pi notsche : ri safa : kum kara : la walha : pu stirum : ba laurum : de korum typen auseinander sie auf knöpfen zueinander nur verschränkt gemeinsam – aber dafür spritzen etliche auf stumpen : die reduzieren auf mögliches dröseln, anschlüsse gleiten im schädel und teilen in histörchen ein : stelzen und regeln die halbwegs versäumen könnten, aber nicht dürften, halbwegs ewig die begrenzt dingfest machen, welche dann drohen zu kommen oder gefahr laufen : stutzen und strecken; denn es verfehlen diese, und jene wären anders, bloß stoppeldecker und hoppelfinten – laufend hoppelfinten und stoppeldecker! bloß anders wären jene, und diese verfehlen es; denn strecken und stutzen laufen gefahr oder kommen zu drohen dann : welche machen dingfest begrenzt : die ewig halbwegs dürften, nicht aber könnten, versäumen halbwegs die regeln und stelzen ein histörchen in teilen und schädel im gleiten : anschlüsse dröseln mögliches auf, reduzieren die stumpen auf etliche spritzen – dafür aber gemeinsam verschränkt; nur zueinander knöpfen auf sie auseinander typen

II

schlachtensee linder höhlmasse eicht gerne szondi und rot madig streicht um gelenke – kranich ist wer mich sah: schnitt mit grund, falls ein (natürlich der war er) bruch zuging und sich leider tegelwärts einfing sonderbar nach herkunft zu inseln retsina wie netzhaut blattwerk handkuß das jugend-gegröl-sediment – lebenslähmend diese grölgegend judaskuß handwerk blatthautnetz wie nazirätseln in zukunft, herr nachbar: der sohn fing einwärts (gälte derlei) sich und ging zu bruch, er war der lichttür nah – einfallsgrund mit schnitt sah mich: wer ist ich: kranke länge umstreicht dich marod und die sonne gereicht semas hölderlin, seht den schlag silos lastenträgerenden an psychologieähren, immenschemenbarer kelvin: lörke im sakko – ein nerzölhetero. direkt sieben rücken hin – zehn weißen schleudern haben sie aus gründen schneidigwilligsauern laubenverderbens rudimentär (sah roggen dort) den mohair verkampelt – sie pellt kampferhairmoden, dort gehn rosa thermen, die rubens der verben lauern: sau, ich will dich schneiden grün aus sieben hadern schleusen weizen hinken rüben – sie reckt die rote he zöllner! ein kosack im kellerwinkel! (erbarmen, schemen im energieloch) – ob sie an *den* enger treten? laß los sie!

eine chromatologin, gibt er sich zu, kommt und hat was die sehweise ledig preist: sisal mücke rillen fokusorgan – man ist erwiesen. trepaniert gerinnt was hervor und als erlebnisgärer zu buch: traumzeug grünfink schmutzburg kosewort etc.; alsbald wird sie nacht meiner eimer im meer einer mainacht. sie wird bald als ratezehe wortsee coburg schmutzfink grünzeug traumbuch zu ärgernisleber als und vorher. was rinnt, geniert pan. tresen wie er ist mangan orkus fohlen rilke mühsal, sie preist dich leseweise die was hat und kommt zu sich – ergibt gin lotto makrone ei aus herzen stellten raketenhalber taugenichtse und tales celesta des jeremias seeau-hopfen zur schau – gesta romanorum zielen silbern astrein, obschon viel glücksekel (himbeernot) sie dem namenstaucher eh einstrich : kenn dann gelber haseldeich sich aus! dünstet unkraut dünn aus sich, deichselhalber, gedankenstrich – ein eher stauchen nahm dem zinnober himmelseck; glück fiel schon obstrein albern, silentiumohr an rom (tagesschau) : zur phänopause aß miere jäh des tales celesta und zähnige, taub erhaltene, ragten stelzen heraus eh sender an anton den mais bengalen, spuren leguan triestmüd aus alcantara – er ist ohrkant andromeda (»re y widder«) der oberst abel dudensack! »baldigst eifer und goar gellzüng« – perrst, wie's entzerrend schirmen zu menhiren einmacht »auf neu« (duses terzenexzenter) säßt duino auf, macht ein ren hymen zu – mensch, ihr rennt zerrend! wisperst züngelargot und verteidigst balzac, den du belabberst oder der (wie ihre dame) droh an kantorist »erratakanal« aus müdest triangulären – spulen gaben meist den ton an an der seine kommen fladen lobster, kleiner libero, muß kalvin nach baku wie menge, wenn kurfürstendammverdi einhermacht; viel krone und berlinische todesbeisal sagst du, aber kann sie tingeldelphi weißnehmen? flaubert aalte sich (geschickt, mutarm) das debakel; wie enzian sieden mensakloner wie schlafend, lauter stifter, laufend schlawinerklosamen den sie anziehen; wickelbadedasarmut schickt gesichte, albert floh mähnenweis fiedelgeld in sie; canberra, du sagst salbei; desto genielieber und nekrophil macht herein die verdammten fürs kurvengemeng wie kuba nach wien kalmus, oh berliner kleister, lob den flamenco umsah mir's ly, wen ich in chlebnikofzer distrikten (»rayons«) galstukker hinkle – mein pümmlin', herr stimmsinnzuweiser! fauchpladden ruhn pedestrisch, flog ein ästern leidsch bio-b-bolid (wahrzitzen »eichen«) – laß mechaniepoller zangezi zusehn: pansch himmel, und es fröhschilf, sicheln, häher – umu-her hecheln sie schielfrösche und mehlschimpansen zu ziege »zahnlehr' polnia« (smech-lachenei): zenit ward's lied bobeobi, leitsterne sein »phlogtrisch« des perun, den plaff »auch sehr weit zusinnst« im härmlin' π (mein klee) – hin kehrst du galionsraten, strikt die, zerrkovnik: lee bin ich velimirs zaum apfelmenster/innen lido – mandelschuh jör : sengen pfann – embau rho : stammen felchen – delben abd-el-jörmansen : fällst am tauben schuster – brodelmännchen stör : genfeichenteilchenfeigen störchen mendelbrodster schuben – taust am felsenmann jördelab! bändelchen – felmenst am rohbau empf : angen senjör schuddel – mandolinen ins thermenfell ab statt »mann heraus« – erregender teste beinexperimente (direkt sisal); müder lenkgelenke »demnach« er einzig ein hattert meuchelfänger (nivea) so umfährt: öhr, penne, milchfell, büttel – ach ein umgang rundherum renitent war nochmals da (»wie er tau hält«) auf rädern; andämpfend hügelan der angleich hängt; wulstdialekt (einer meise distelretour »venin«): fünf vor zwölf vor fünf, inventurrestel diese – meiner (»ei leckt, ah die wulst«) hängt gleich an der angel, hüpfend dem andern reh; auf volk beschienen die fersen haben ibis – heltauer, wie damals noch wartend, irren umher; rundgang um ein achtel büttelmilch; neppendörfer umso ah weniger fenchel meutert hat ein zigeuner nach dem kellengelenk der mühsal – sie reckt die themenrippe ex beinstätte – er gähnt eher aus hermannstadt aus an und für sich kroch – und fast wie »hat sich was« : von dem aus »tritt« – spürt sport wer, wo es spurt schon zimt : im grund hat auch kein zufall hub : denn gleich ihm kommt es feist zugleich und schritt – für »nach und schub« reicht »das was fehlt« dem nur noch h^{2}o als stoß zum pol : zum stoß als »oh zwei ha noch nur« – dem fehlt was »das reicht schub« und »nach für schritt« und »gleich zu feist« – es kommt ihm gleich : den hubfall zu »kein auch« hat grund im zimt : schon spurt es wo »wehrsport«, spürt tritt aus dem, von was sich hat »wie fast« – und kroch sich für »und« an »aus«

der legende machtrausch im mischgeschick ist, der wenig ho noch hü, der an ein asien sich nester klaubt und glaubt zu »damals« (vorderhufbefund) und schwört es zueinander: kennt er avenue? alpen wie kunststück sind wildblick und raubmund; lux ebenso, e-moll; bandwurmbruch im epos der köter – köderpose im bruchwurmband, molle so benelux; mundraub und blickwild sind stückkunst wie penal – nivea erkennt, der an ein zues schwört, und fund: behuf, der »vormals dazu« glaubt, und klaubt sterne sich (»siena«) einander – hü noch, honig, »weder« ist schick, gemisch. im rausch macht degen leder.

hagelideen beziehn dachse kefir lemgo und andre erde rudimentär – laß der oase die camel und kerbe im gemeng schonzeitrede an der wiese, lach bald und eh nie piano (fand emsig der zustand) – so dachten taube zum gang auf fenster : adrenalin! pfau tedeum die fonda nekrophil und schwind, gebläse! drum säble geschwind und viel krone davon die um dtv – lina, dreh asterfan! aufgang zum betauten dach! so stand zu, der sich empfand : noah, pinie, und bald lachse, wieder andere zeit schon menge, im bäcker, und melke diese auster : laß thermen die ruderer, dreh an, und golem vier kekse – da ziehn bähende igel, ha!

zu »coup de bline« gibt es einfach insgeheim an den stellwänden erheblich schmälere wirtshäuser und einfallswinkel als eben (bleigleich) dir solstizien anstehn; achterdeck pansen reumut, kiloweis gefülltes gusto (denen schoberlichen streitern) voll zubiß sine frekkatur; villa – aber liguster, bester guß, lieber alla wie turcaphrenesie bis zu foltern streichen; lieber schonen, desto gutes, viel geweih – so kielmutreusen (pandekter) ach, stehn an – entzieh die; sollst dir gleichbleiben, seeaal kelvin, falt's ein, und sehr heu wird's rehle schmählich heber denn wen; stell den anheim, geh ins fach ein – es gibt blindekuh zu schlaufenschlau dreht umwirsch »tandem orph« – es klebt! versprach es wandverband? es bohrt. verglich es quer? verbog es heute schnipp, morgen regelkuh traut? verschwand es quast? verfing es brust? – er rast vor schnauferläusen, die so siebtel passen, kaulippe, auftrieb, mai (»l'effort«): email trieb auf (pelikauen paß, tell, siebs) – oh diesen läuferschnauf vor rasterbrust! es fing verquast, es schwand vertraut, kugelregenmoor schnippte heu, es bog verquer, es glich verbohrt, es band verwandtes, sprach verklebtes – morphem stand wirr umdreht: schlaufenschlau

geh wann du lange und der wiesen moorgestänge ihr zungen-
er zur mensa dumdum macht – geh wo die schwinger zelten
lange so runge dir gelang – kränkend delta heißt das dann,
laugenringe der schämenden rentiere: adio man rotor –
schach! tor! roman! oh die arretieren den menschen der gerin-
gen lau dann, das heißt tadel kennt kren lang eh dir gärung –
so gelang tänzel-gershwin, die woge macht dumdumsamen
zur ergänzung ihr, gestänge morsen wieder, und geh lang du
wange

der an viel tee mein seehaus nach wirren geschäftsgebaren des internen sah, faßte, als sich und sonstwo er verkam, nach holz im kasten dero wallermausrochen minder stoßsicher als eh die angelkuh der indischen schaukelwindel sandte: heu krimimimikry heu teesandelwinkel – schau shandy in der kugel an, diese, als er sich stoß der mienen roch mauser wall oder stenka im holz nach kampfer: er, wo sonst, und sich als teefaß sah, nenn er indessen »bargeschäfts« – gehen wir nach hause meinte philander weil der früh viel zu war, fällt ihr flach zu stand ihr; und kam heran als schluchzen war voll, rand und wie (es lag . . .) ihm zu langsam: bison noch fußbar kaum zu – erstaunen so; daß sich ihre geweihe, imbiß der kinnschaufeln zwei, mit tendenzen ran, zugehänge zu ranzen dehnten mit; zweifeln schau kinder bis ihr je, weigere ihr – sich da so nen stau (er zu kaum barfuß noch) son bisam lang zu ihm lag (es wie!) und randvoll warzen schlug als ran her kam; und ihr stand (zu flach ihr feld war zu) viel früh derweil ein herber aderleiter ungleich schwamm und hob auch druckanstoß »delfin« – sein aufwand nahm den durchlauf vor, zog schwungrad dann im schnitt mit eifer lau; wenngleich es ihm an nichts (obschon der ausgleichzug der code-masche sehr nach gaspar stand) gebrach, lag durchbruch durch, lag brach, gestand »spargas« nach sehr »schema deko« – der zugleich auster schon, ob nichts an ihm es gleich, wenn lauferei mit schnitt ihm dann; radschwung zog vorlauf durch, den nahm wand auf; sein findelstoß an druck auch hob – und schwamm gleich unter leider aber herein stehbier, zellmüh – radarscharniere von tele, die partitur auswendig, gar daten scharfer seemäulerkübel – na ob! nur mehltausee (ich dachte laut es); doch umso kuß bis hieroglypher bengalen die kennzahlen, wo das n-tier »mengle-rädern« a) manna-notwendig b) kerzenecht c) längen vor ihm den lena-ziegen-tango tangentialen (den im vor'gen lenze ächzen)- kerbe dich wenn not am mann: adern reglementieren das wollen, zacken die lehngaben. verglüh rohe hibiskus so um »doch« – es laute »dach«, ich seh taumel nur. ob nabel kühler mäuse verscharrten da gar dich, wenn aus turtipaar die lethe von renischar-darra-mycel bürste wort für wort antenne mit geschling zur mannschaft diesen kaspar kelvin den an wahnsinn man rückt, weicht zentner zum ra (umspielt thema) der ein senis-horn sticht – langsam sägen die kiwis dringend rätsel, ein jeder felsen des duells (dessen felder je ein zellregent drin) whiskey die gänse – samlang sticht hornisse ein, der matte spielt um raum, nerz entweicht rückt man sinnwahn an den winkel – sparkassen die schafft man zur schlinge mit nähten an wort für wort dann kar, dann gram, poliphem, mooreinboot (versuchsanordnung): kleinste einheit ein schrumpf bis zu hatzelmaus (das bill schwingt undihorn-ateral): rax deleatur mushrim »psalmophor komtustra« – und rambo, chor, unsettled raum sieben scheitelscheiben! sie traumelt, c'est encore »boramund«, stratur kommt vor mops-all! – schrie matura laederachs, alter ahorn, die unsch winkt bill, das mausel hat zubiß, schrumpfeinheit ein steglein – nun, gordan, such 's verbot! – ein morphemlipogramm? dann kardan . . .

geh streng diebe rübe : klau gestänge prä : geh la geh fü : behebe sägebier : geh wühr geh voll geh frage nü : geh schweigemeng : eschweig eh nüge fra : gefolge würge birges ebe : hebe fügelag epre gesten : geh klaube über die stränge zephirfürze für denver; und zehn pfirsichpeller belln schärfer und versteinern gaumig segel an deren bahntour (»die sieben schwerenöte«) – wie tenöre schweben sie die turbanränder angelsämig, gaunern steifer und verscherbeln erpel sich, für zehn; und werden vier zephirfürze entreinigt nur ferkelei zum federkasten! oder gardinenweiden sapphisch, denn tadelvokal! irgendwo strampelt humbug sein orgasmusnest leer : du lernest mus gas ohr, sein bug humpelt stramm, wie gähnt ihr kahl wo delta den fisch sah – den weinen die gar der osten kaderfee zum leihkäfer, nur nicht reihend und nimmt sinn, und gibt sinn, und nimmt und gibt sinn; denn sinn gibt auch was sinn nimmt und sinn gibt was auch sinn nimmt; sinn und und sind wie nimmt und gibt und wie als und wie; und macht wau und wau; mal als wie mal als als mal als gibt mal als nimmt; und nimmt als mal gibt als mal als als mal wie als mal wau; und wau macht und wie und als wie; und gibt und nimmt wie sind und und sinn; nimmt sinn auch was gibt sinn und nimmt sinn was auch gibt sinn; denn sinn gibt und nimmt und sinn gibt und sinn nimmt und

und hat was von hat; und hat hat; hat hat und; und und hat hat was von und ist hat; und wie hat ist und hat und; und ist hat wie und hat, ist und von was hat; hat und und und hat hat hat hat und hat von; was hat und

und wie. mit und als hier und dort nimmt wie ab. mit wie als ab und zu nimmt als zu. hier wie dort nimmt ab und zu und mit. da nimmt als zu viel ab wo zu als wann und wo so kommt. wie kommt so wo. und wann als zu. wo ab viel zu als nimmt. da mit und zu und. ab nimmt dort wie. hier zu. als nimmt zu und ab als wie. mit ab wie nimmt dort und hier. als und mit wie und paß zu wie geht kommt für und wann wo drauf : auf was folgt meist für ein und fragt : und steht vor dem tor wie alsbald : so kaum so ochs ist zu und psi : o k zieht los von selbst – und grün sich mit : wie kommt das bloß nach dem was ging? es fawlt und ringt gleich sphinkters mus in phidias : zwei rast durch zwei mal zwei gleich vier durch acht gleich eins durch zwei durch eins gleich acht durch vier gleich zwei mal zwei durch rast : zwei aß die phi in musters fink : gleich ringt und fawlt es : ging was demnach? bloß das kommt wie mit sich grün : und selbst von los zieht cheops i : und zu ist ochs so kaum so bald – als wie tor dem vorsteht und fragt : und ein für meist folgt was auf drauf wo : wann und fürkommt geht wie zu paß

III

steht was da so kaum
sich dort abspielt wie
gegenüber dem
was davon am platz
wäre wenn nach dem
stünde was wie einst
gegenüber dem
wie vor diesem da
bereits drinsteckt so
wie vor diesem da
gegenüber dem
stünde was wie einst
wäre wenn nach dem
was davon am platz
gegenüber dem
sich dort abspielt – wie
steht was da so kaum

ist die suppe weiß
läuft der löffel krumm

der sich nicht gehört
wo ein knödel schlürft

wie gefällt dir das
wenn belinda stöhnt

geh nach oben schon
bis der schädel kommt

denn der topf zerspringt
weil er ihn ihr nimmt

daß der bulbus hält
weil er ihn ihr nimmt

denn der topf zerspringt
bis der schädel kommt

geh nach oben schon
wenn belinda stöhnt

wie gefällt dir das
wo ein knödel schlürft

der sich nicht gehört
läuft der löffel krumm

ist die suppe weiß

weiß das lauwant noch
wem die rübe schmeckt
hat entrissenheit
sich im stau verlaufen

soll der tag den hund
pelzen vor dem märz
kannst du allenfalls
sägen hinterm mond

einem dieser drei
strecken wir den zeh
ausgelenkt vom kegel

strecken wir den zeh
einem dieser drei
sägen hinterm mond
kannst du allenfalls

pelzen vor dem märz
soll der tag den hund
sich im stau verlaufen

hat entrissenheit
wem die rübe schmeckt
weiß das lauwant noch

einfach wiederholung
zweifach wiederholung
einfach wiederholung

niemals wiederholung
einfach wiederholung
niemals wiederholung

wiederholung bloß eben
der nie wiederholten
wiederholung bloß eben

niemals wiederholung
einfach wiederholung
niemals wiederholung

einfach wiederholung
zweifach wiederholung
einfach wiederholung

geheimnisträgerstart mißglückt
im sonnenflügel klemmt ein satz
von wegen schnecken im perfekt
und lukenhaft zum eingewinde
passiert der dreh zum drehmoment
im nu der ausgeklinkten schmaddel
verbracht auf seinen partitiven punkt
klappt etliches davon wie nichts
kopernikanisch wieder durch apokoinu
klappt etliches davon wie nichts
verbracht auf seinen partitiven punkt
im nu der ausgeklinkten schmaddel
passiert der dreh zum drehmoment
und lukenhaft zum eingewinde
von wegen schnecken im perfekt:
im sonnenflügel klemmt ein satz
geheimnisträger – start mißglückt

der punkt stellt fest
fest stellt der punkt
der fest stellt punkt
der stellt punkt fest
stellt fest der punkt
in diesem einen punkt
stellt fest der punkt
der stellt punkt fest
der fest stellt punkt
fest stellt der punkt
der punkt stellt fest

knöpft das ding das ding das knöpft
melkt die milch die milch die melkt

springt der kopf im kopf der springt
liest der text im text der liest

geht das knie durchs knie das geht
reibt das aug durchs aug das reibt

zehrt das ohr vom ohr das zehrt
bald sich ballt was bald sich ballt:

zehrt das ohr vom ohr das zehrt
reibt das aug durchs aug das reibt

geht das knie durchs knie das geht
liest der text im text der liest

springt der kopf im kopf der springt
melkt die milch die milch die melkt

knöpft das ding das ding das knöpft

wenig zum problem
alles zum problem
wenig zum problem

IV

hängematte : zum thema gehen
(kurzen tag auf akzentcour)

null uhr null

roh, daddy, schmust diderot
menschwerdung : für dung schwärmen

zuck leitgedanke – dann geleitzug
zenwaltorso thorvaldsen

anomalie in lima – noah
lehne die wupper : woody allen

wen malt dies? matissemalven
bis isenheim einheimsen, ibis

hindugestylt gehst du hin
kuba-index : andechs in baku

(erzieh nie phönizier)

vier zehen zephir
tätowieren viren wie tote
an ziehenden enzian
verscherbeln schärfer
dem ohrensausen sauren odem
verschleiern schleifer
wadi wie diva

talg war sowieso quartal

nemesis mähne
orte meteor

entmutigt schaben milben schatticht muhend
potemkinsches kinntempo

(tacitus-zitat)

monde die den dandydämon
dünken wiengehänge winken dünn

donchordom kondensiert den kondomkordon

der fliehsensoren soßenflieder
expulsiert pulex

der lupenklaren ohrenklappen luder
reitermäuse pose meuterei

condiment dimentico

anker imperial legt aalrippe imker an
risotto sorry
geschweige
ärmel leptosom ptolemäer

(nicht eifer sir – dissens die surfer einigt)

zwei uhr zwei

leise eselei
geht im mitschnitt ein wie ein schnitt mit ihm geht

eichelstreichelei
richte diesen dieterich
den sie dann sieden

(launisch mager manisch lau)

wer da : kadaver
bourrée à rebours

der oder
die rohparodie
esse nie lieben nebel – nebenlinie s
schmiedet mir sie kasimir edschmid

(plärr catchup kepler)

den bohnerwachsnährboden
den seine nähseiden-
enden hand in hand dehnen
gehn tote hähne heterogen

(sein wust bewegt bewußtsein)

buchtenpharao – ah fahrtenbuch
vier kämen da zum damenkefir

teddyfroh agiert aphrodite
pink empor, camping
omi hat myom

thunfisch ordert orphisch tun

lady iris flippt rißidylle
berenice azur – anisrebe

demütig müde
akkumuliert muh quak
mythologe angelo tomi

sandwichwisent
beherbergt herbe
anxiale – ach sieh an

dicht syntax miederbar der mittag sündigt

lichtsinn entsinnlicht
den gabrielbrigaden
läppische pille

null acht null
kilometer bis therme loki

(dezimale malzidee)

mensch wie schwimmen
teppicherpichte
bankenschlamassel auf selmas schlackenbahn
um die meduse du medium

(dies wag wo steht quo vadis)

zonenzoo
torwarttor
harvardhaar

legale
sehschneise

(rate : -ky kibuki kythera)

meerzwiebel : gebell wie märz
angoulême : schwemme leguan

ringe flimmern : fliegerin
gleichaltrig : aalgleich

bammel : pêche melba
fällt okarina dir ein : kartoffel

ramses bistro : bizets rahm
wanze, camus : kamikatse, wahn

interrogativ : garotte in
gewieher, vorher wiege

judy garland : gare du jour
lief kaputt : output kalif

die man ordert : normandie
rock, see, ontario : rita on the rocks

(der an sie orgelt : osiander)

schuht kossuth
sie pepsi
dekade
adria
dich ständig

monetär – nemo
ist monist

divisibel sie wie die
serie am eriesee

(harfenharken funken harfenhaar)

schon obschon
tornadozellen die lenze donator
verkuppeln am sediment diese ampeln : kupfer-
lange gärung die runge gelang

bälge entnebeln nähend gebell-
schnelle felge mit gefälle schnee

tête-à-tête

lotse oder ozelot
o auseinander a nein au so

(leda, sanskrit : sandale)

denn fingernagelnager finden
soll wenn er entnerven soll
entweder wehend
ergänzen (parzengähner)
der oder
entwerfen (kufen) während

dusche du
eigengewicht gegen ai-
schylos schil-
derkader
garrickmöbel mörike

archivar
wie bald wie
los koloß

(name polyp apparat : paralipomena)

drei uhr drei

wenn sehr konfus – nimm fußkonserven
aber legehenne lemma lehne hängeleber ab

nenn den armen gaumen ardennen
(»hängematte : zum thema gehen«)

gähnen geh
floskel muskelfloß

wen maltas malven
dengeln den
bestechen stäbe
härter – hinterher

denn magenmöbelkabel mögen maden
tagmonster ohne oh limone ostermontag

(yellow forceps 4 – oh yale)

deich : da ich da
rinde bin der binderin
beinah bei
callas a hoch alaska

er : taubentower
entgurte gurrend
chorda des todes – d'accord :
in dayly hocus-pocus holiday inn

(calderongilet kabul-calais gironde kahl)

asyl für silla
silbe für basil

trixte obstetrik
lanzette celan

katyn katinka
mähnadelname

schau fellschaufel schau

stalin geht ins tal
anselmo ziehts moselan

respighi summt : gib irres
ums emu ins museum

(im ausgleich verkohlen sohlen koffergleich aus ihm)

feature kutschervieh
ruht baikalsee kahl bei ruth
»weißbettes gotha : gottesbeweis«

koloniereserve wässere nie loco

zementrippe »experiment c«
gestaposchuh des schupotages
therme so gabel gasometer

kantor mosel : dieser dieselmotor kann

in der schneiderin
stand der wie ein widerstand

vektor am torweg
lenz-ei in zeilen

bül bül bül
bülnotschere tschernobyl
tick neu, mäher – heu, hermeneutik

(trag antipaß im schlaf: sympathieantrag)

renitenznieren –
sennheiser muß er heißen!

(dem ökumen karbid ein bit carmen q-ödem)

begrübe
geringe
topauto
regere

(phänomen »rahmen offen«)

tscherkessencatcher
gründen schwedengrün
köderleben lederqueue

termitenmieter
torturentutor
damenofen »omen da«

sekretär kalter kresse
jason ging sonja

zuber adam aber zu

genage
genüge
gestänge

geh wackelwaage
lähme kamele

(tra nisi dextra : odradeks sinistra)

meder wie därme
haar um haar

(thema tobruktomate)

vier uhr vier

sieh : pharaonenohr aphasie
entreinigt es nicht reihend
sondern an dem andern so'n
(ruckediguck dicke ruh)
verkomischten mischkoffer

schnitz kaschnitz
nenn die gardinen
entzifferbar verziehend

ruh gurken zum känguruh

(zentrieren xenien – nixe rennt triezen)

oggi agio
pole aleppo
alexis lea

entwedeln wehend
hermesher
herodes rohe
steckkissenkiste

bis nubis
plädoyer ihm jäh a dopple

denn lamé-marmeladen
observieren wie sehr ob-
jekt objekt

(toset ihm ethos-
pose wie epos)

mehr hokuspokus homer
faß keinen kaiphas
schmier kaschmir
email auf meile
mischkostüm kosmisch
präsex im expreß

sperrfederdekade der vesper

tiber die ohren audiberti
barde adebar
leide double-dudelei
erdenkloßdehner

hobbes ging hopps
spitzweg spitz
hindu hin
herwegh her
hindemith zur mitte hin

webern ging bernweh

(druckknopf hat knopfdruck)

windargus darwin
lehnt die ädilen-
andacht an
elbing und bingel

geziefer zieh – geh ziffer ziege

eckart zieht karte
kommandeur odeurmanko
devastiert wade

talfragment fractal
embolie bohème

(sehverlustferse)

da : full in fulda
k-typ rebelt prädikat

sema »greenwichgrimasse«

anton gibt ton an
der lästerfensterleder
leise pinscherpinselei
– angström schwitzt röhmangst

(deklarant schwitzt randkladde)

fünf uhr fünf

’s muß reiben, erasmus
denn lasterfensterladen
gellen sie, entsiegeln
lehmhaar in harlem

aus garmisch den mischgaraus
pulverisieren sie riverpool

(holmen-gaudi baut die gaumen hohl)

impuls ihm
direkt die
distinkt die
rinne dienerin
ihm fra ephraim
gefege

divergiert verdi
so von alfonso

(banger nicker auf kerniger bahn)

zäsiumsitze
– ob hiob
zäh sie umsitze?

blähragout rabelais?
rotte hetären? tee-hetero?

(schlecht gesäuselt, säugeschlecht)

cavafis haspelt hafis vacca
adrian – lex alexandria

ja lama hillary kratzt rille himalaja

ginkgo-bangkok in
muscadet camus
ist gambias bigamist

haydn juckt den hai
schwindt rammt schwindt

harlekin lehár
walle die mähne medieval

(galilei fand infantile liga)

gen goa, gaugin –
abschied gibt gide ab
noah goutiert guano

mannesmann
formen vor

gesprenkelt spränge
klauselklau

pennt, wer antwerpen-
manna passiert : panama-
laub – ade palau

gesauge blase sauge
nansenpaß – sie passen an

(denk lucky denk kykladen)

da schielte schilda

vis-à-vis
den plato : tipptopp laden-
hut – bin robin hood

(ebersteinbeere)

sechs uhr sechs

poreators amor : sator arepo
als ner mine seidne ariadne eines minerals

sankt cromagnon-mignon : makrosankt
am daktylus die lust die dann kam

niederwild flog – wilder nie
gehn rinder niedersingen

äffisch ätherlaue lautere fische –
lustfärberei treibt reibeverlust

zur akupunktur : punkkuh azur
auf epik – der von der pike auf

(dies kammerasyl rahme cádiz)

zähl : mykene mainecke mycel
garibaldis ballriga
die ganzen ghandi
neandertal portal der anne
largos in goslar
weißbutt in budweis
palomas opal
zahn igel nizza
libanon xenon bali

michelson schnürsenkel mai
kita kennwort kentucky
gefälle bolle felge
rom alter malraux
kenia freya nike
myrna loy namur
gallimard homard liga
gespenster ginster spenge
pulver liverpool
gerinnsel ringe
haftgebäude beugehaft
felleisen eifel
label libelle
gewerbezwerge
kreuzjuwel juckreiz
kaukasuskakao
– horrible bö'n blériot

(gewebewege)

das indizium zieht die in das
inventar wenn in
isthmus viel mus ist

(sink lezithin – zieh lessing)

beult er aber radebeul
ab nymwegen : magenweh nimm ab

(geh nasaliere ein reh lisa na geh)

mal mich mal
malmig mal
mulmig mull

litze proselyt

mal mich mal
keramikracker
nackter paß mit pasternak

beschamelschabe
vermeer – immer fair

(rhetor schießt tore)

philoktet dunstet lok – viel
gram polymorph : lipogramm

bohr empor rimbaud
falze enzephal

sehachse
serienriese

irrwisch – ihr
nietzschepanier patsche nie

pulverkammer kampferpool
verhagelt hafer

(caldi mezzi tut sie medikal)

d'alemberthalber lambda-
geflüster flügge

dieweil die
falls sie partout parsifal
den leiermann erleiden

(anormal war mal nora)

ei gura paraguay
tun carmen cartoon

(theodor fontane? vineta von dorothee?)

lea die ahle
lädt so obsolet
erotisch : optisch otter

der mörder
leere morelle
lehne garbos garnele
vor, bevor
plisseehaube ihn behause – please

(miste argus artemis)

der mann las salamander
die nasdicke dynastie
das debakel badedas

(cäcilia gab ali zitze)

siede klone reneklode sie
duse dicke schwenke diese du
interkatze hülse cutterin

sahn die paarweise partisan
im gefolge – folge ihm
da malheur valeur madame

(gähnt madeira dem agent)

bitt scarlatti – laß karbid
die rabeneltern elben radi

indigen springen die in
kugelregen (regelkuh
der fans) – er spritzt sehr fender

(um die mähre feilscht remedium)

nieten nieten nieten – nie
naß parken : parnaß-
meduse dumme
zahl mehrzahl

(rannte die mähre mediterran)

bär – aber rabe
fuß – aber avus
store – aber astor

gezischel büschel ziege
so man klee und romy haag miro und clemenceau
regulär gurre

(regelkupplung kugelreh)

geschweige
beleibe
betäube

ah du padua
pufft ferment verpufft

(machern stinkt ernst mach)

acht uhr acht

jadegrün sind gründe ja
fester kinnhaken – ha kinderfest

mehr hammer-
jammer ja
fürwahr für
narviknarr
narvanarr

(der quader)

interstellar steht er in
eines iltis trübsal : striptease illness ei

chamisso? ach so – mischa

mazda faßt damast
mohnlos – aber salomon
der marke marder
ist dentist

(aster nebel düse – diese dübelnester ah)

terribel ritt er
ständig wen am wendigsten

(mehlpirol dehnte sachte den rollpimmel)

rettich war rege – schwangere quartiere

(um die stullen quellenstudium)

geh hänge
dich an sie die sie an dich
schmiegen schmie-
den machen koffer kochen maden-
breiig seele : wo lese ich braille?

(wer lappalien lieh palaver)

rinnt korinth
germane mager

liebt delibes
den kolben calder

(villa bach sprach pachlawi)

antiradiant
saturn sah
pelias – und aß lippe

biß identisch den ibis
diese präzise zypresse die
peristaltik antik (stahlrippe)

die sich phasig
kahl pascal
entzweiend
aufgelauert lauge auf
cash ensor schenke
cats rackets

diese phase
mein genick gemein
entwerten juchten während

speichers pei-
nigende haudegen : nie
zerronnen – innenrotzer

borgte göteborg
der zahn der zander

(fonda-flotow floh davon)

wieland wie
tentakeln taten

stänkerkästen-
schulen schuh

kuhlenkuh
wolkenwohl

(early bird as birdly ear)

neun uhr neun

entwirren wir end-
lich wie freiwillig
sacher sie dort sicher sah

(tortentor)

kordial im aldichor
vergreisen greifer

käutner käut
geländerlänge

schon obschon
ravenna vera

(laßt palette dem telepalast)

notturno-
sohlen so
wer oh pullover
nettotonne

(der cadillac der jagt die kader)

geborsten borge
perikles rippe
dahlem von lehm da
gottvater fagott

befahl sein falbe
karneval neckar

(lehrbad mit butler)

fleht pamphlet
gelübdelüge –
terrinenritter
eckt in see : insekt

speichelstativ : stachelspei-
chen rauchen
wenn ko-algen die koggen alkoven

der modder
alkyone greine occhial :
wo nieselt niveau?

(kerhane-akteur akne-hacker)

keck wedelt quecke
intellektkollekte in
terrassenraster

fährschiffer chiffre
erwischen – wie er
nie genital nie genie
dick modig
sallust im lustsaal
mannequin nähme

(räkelschau am schaukelreck)

zehn uhr zehn

denn an den anden
naht spinat
sowie treviso

dampfer pullach pulverdampf
will zivil
ersaufen sauer

linse watte vaselin
wirpsen wir
sevillawiese

(léo au lait)

aphaia
aglaia
läpperte perle

lecker vertäuen täufer kerle

(irgendwie gähnt ihr)

winkelmann kelvin
konjugiert yukon
tacitus zita

juli – only you

semiramis rahm ise
semirebus remise

géza wickelt visage
an benelux nebenan

(meckererkämme)

impertinent : er nennt tipper im
traminer deiner mitra
hermelinmeer der merlinmäher

(speigedehn schwefel – schwedengespei)

reklamant : klare
hosen ho
seenadelnase
seepockenpose
seemeilenmeise

vierzehn parzen für
san francisco : iß fransen

(entsetzen warzen sehend)

kill pasquill
die rappel radi
siezen sie
mänade amen

(salamis kumyß lhasa)

spottbillig will ich bills pott
ja – zunder und jazz
erweichen gleichen weiher

(tombola-bottom)

kuß scrotum : nartums krokus
roll pyramiden mir am pirol

(schlafen : so vers-offen schlaff)

elf uhr elf

de l'amour effectiv : mag tiefe remoulade
yellow submarine – mass up oh yale

seemäuler kälber kellermäuse
erheucheln sich elf sicheln heuer

tänzeleinheit : ein zelten-
gehn (zwei verzweigen

urnen so zum sonnenuhr-
saal) wer transversal

tennis – dort nisten
tief tage vegetativ

und so weiter weiß o und
zieh lisa ins salizyl

(narrte zensur zentenar)

zoo ja : bajazzo-
tenazität – sie nahte

ranunkel nun ran
tomogramm : motto
gehn – leder niederlegen

meridian : die rime
tatzen plazenta

myrrhe spielt remis

nebenebene
x – ah mosaiks

(orienttrio)

nenntanten kannten tannen-
reize schweizerei

quittensatin wie
quotensatin wo
nix ohne onyx

(stetigste)

der an mäander
täte pietät
körper ampère cœur

telemark nachtmahr klette
nil ysop ahorn pasolini
pygmalion lima pik

lanze porzellan

so korso
inka wo novokain
aller buben nebenbuhler ah
um die ohren odium

(naht ans metrum smetana)

dieweil die
ratgeber vom berge rad-
ventil wenn
schwärmen schwer
warnung war

(mätresse trema)

erna jener jenaer
entrümpeln (rühmend)
entkernen (saunen kehrend)
entholzen (münzen holend)
enthülsen (pansen hüllend)

(lach scharnier scharlach)

nachwippend – wie nach
der schläuche schleuder-
feder leicht der feh-
felder vieh der fehlge-
fällten felge

golgotha-gogol
tegelte

melos akkra salome
verkäsen diesen käfer

(sibelius liebe sie)

zwölf uhr zwölf

so also
stanzen distanzen

(ticktacksyndrom sinnt taktik)

landruhquerulant
zählt ein vereinzelt

zebrazeh

elf uhr elf

sehn ach die achsen
holmenhohl

stifter winters tief
quinta am tag wien

rußte honduras – küraßt du honterus

solei lasso
kuschelmuschelkuh –
rocaille bis kairo?

(legt er los endlos erlegt)

schmäler schmäh
guernsey den hall den sie gern
andern rändern an-
verschleckern schläfer

(themen aorta ornamente)

so du guttuso
gewaschen vage

butzemanns zebu

sparkassenkaspar
petticoattype

isar schnaubt sari

siena ist nahe sie
errichten riecher

(schuß moschus)

riß paris
kamele mekka
sicheln sie
ade medea

(sie gaben bengalen auch lehngaben : bengasi)

kleetrab – ahoi paraklet
durch vogesenmoosenge wodurch
links der pfund sterling
xaver am werk sah

kinn deventer wedekind
bot verfälscher fellverbot

waldenserschlucht : sehr den wall
zersägen gegensätzer
senator autor nase

sänfte lunte senf
verkuppeln kupfer

(den grünbefall begründen)

'nen gelungenen
mantelrand – aber tarantelmann
rinnt usus turin

(tausend und eine nacht näht ei unzen tau)

schau warschau –
thespis auf piste

(granatapfel tanagra)

zehn uhr zehn

nenn lohmedien die melonen
bählammpreschen zwischenpräambel

gleich verliert vergleich
gleichen veilchen gleich

der ostern wegen western oder
transylvanien – if asylt ran

niederschlag der nie
sinne tändeln tennessee

vers personell – so pervers
späne stemmen omen stehn espe

(missing link sing me)

neun uhr neun

antiparty an
rennwagen waren
imker prekär im
testprogramm : protest-
nester zipfel zisternen

(pirat im rad: π)

so'n kerl – nonos nockerlsohn
repariert paare

bänder verderben
heidenduell – du den hai

er äußert wesentlich entwässert euer
capri-paris : paprika

(zero zirkel zirrhose)

bestäube
vokal wo
pu kopu-
liere ly

(den pfänden)

verschieden schiefer
verkieseln kiefer
dom sodom
entgegengehend

(renitenzniere)

bär telemach lädt eber
an päan

maja pikiert pyjama
wo volvo
fährt – jungfert
herum schleift umher

(schwundmundschwund)

semi-prämisse
schälbar aus barschel

(pentateuchtappen)

reverenz wäre
verwiegelt wie fähr-
ten nie mit nieten :
sicher – sie
wenden wenn
dem tandem
formal vor
den wänden
demokritmode
gelänge

(falun ein unfall)

acht uhr acht

zehn paar zehn
sind ab zehn lefzen absynth

zehn paar zehn
induzieren ohren – zieh du in
milkarosa pissaro camille

erdreisten ehrlich ersten dreier
wirken wirr

dichten kettengedicht

behalten halbe
ankerpoker an

der finis heimgeheimnisfinder
zehn paar zehn

(zappelphilipp fiel pelz ab)

sechs uhr sechs

taifunbefund – ei
's weht strindberg her : beherbergst rindsfett

tanger schlingert an
des walzenwaldes
wännlein wenn
herrn wie horn wiehern

tumor amor – tu
den scheitelscheiden
den ja najaden
diesen schlei verschleißen die-
se pause

(teekesselkette)

larve zurrt wetzlar

dubai – du
gehst die stiege
der mieder-
rille pueril

das watschelt suada
danzig dann
ranzig ran

der zeh der zeder
nähm ohne atem anemone

galle mich flaumig legal
sender andersen

(theke radiert rakete)

fünf uhr fünf

ersetzen n reine innereien zehn seher
sehn veronesergrün sehr grün sehr nerowesen

tadsch mahal im halmatouch
(wagnis kennt erkenntnis vag)

habenichts – macht nichts : b h
sagensteifer sich versteigen sah

voneinander an ein phon
sirren jäh verjähren sie

vier uhr vier

'ne sauposaune
so verso
lento violent

danebengegeben : eh da

(tieftasten – ostentativ)

mich sah einsamig
lustverformung – vor verlust

antipathie an
gerte integer

oder die dero
eltern eher éternel
denn wehrlos werden

(wagnis hält verhältnis vag)

dann suche sudan

voneinander an ein phon
liehe swapo suaheli

aristides styria

(lire fährt ralley)

ja barras u-boot surabaja
siemens-halskes halmen sie

gera wie rage
rentieren
sich lausig

(teste die städte)

vandalen krawlen da wann
tzara vorrat sah

zehn welpen wälzen
telemanns lethe

dinge seziert szegedin
mandarin armand

(mehr lipogramm polymer)

drei uhr drei

terra di siena – schon nahen sie : die ratte
nennt sie terzinen
tetanus : erdnußtante

sonnst dich sonst
wo sonstwo
lästern lüstern lä-
ge (zweige)
da sie kredenzt (cressida)
beides bei
troylus ab : lust reu

falls den jemand entmannt jedenfalls

schreibet »ich« muldig beschrei-
tet weite weitet
taiga spagat ei

(heidsee wandle relevant : zäheit)

wer wohl revolver
seliger lease
henze auf zehen
smyrna jonas mir

gären die ränge

vivaldi hat die wahl wie
tesafilmsatte
sardinier nie die saar

(laßt pavane dem nevapalast)

diese schiefer schießen die
siebe sambesi

den mondänen dämon den
despot des
tantalos : ratlos tat an
taunus walnuß tau

täte motiv motette

den kruden
sag's leda slezak

forderten tender vor
testat : statt tee
renn die sondieren

nenn ihnen
gestankes stange
'ne papierpanne

(mein geseire sei gemein)

zwei uhr zwei

kyralina lieh raki
den weder
geländerüde länge
noch enoch
zelle verletze

rate volterra

tintoretto schoß tore tot in
orpheus ohr

gerne honegger
lebe kybele

(gell : nebenhoden hoben nägel)

strikt die im distrikt
wohnen wo
sich zeiten impften : zeisig

(den senf erneut versenden)

landest in estland
kuß viele male : malefikus

(mensch – lethal schlemmen)

seht seht seht :
dämon tengu vom guten monde
muß nie rohe hymen nehmen – hieronymus
versteuert die erztäufer
entscheidend scheidend

walachen weichen lava-
bethge im gebet
(gewichen : machen wiege
gewogen legen woge
gewoben heben woge)

guten tag tengu
der wieder
zecke bekätze :
nenn »innen-
imbiß« ihm
wippe wie
gezeitenrauten – zeige
so'n japankumpan jason
c-warze

gleich vergleichen den vergleich

wer gewehr
gewesen – rasenwege

tun verfroren froh vertun

nacht für nacht
visieren sie
nestler (du lernst
umsiedeln) modeln sie um
rubens des zeh – merzedesbenzruh

(zag an berberians b berganza)

null uhr null

individuell du wie die in
delaunay : paneel-ode
der ohren – sie hausieren oder
häufen heu

täte phrenologe angelo nofretete
mit opitz' cockpit somit
ans ohr klingsor an

kopfnuß januskopf –

der nie hernieder
um migräne weine, gremium –

ahne guinea!

nymphen im
lenkgelenk

ausgelaufen lauge aus
gecko wie kogge

(danaë ist eh nah da)

V

fern ufo sah sappho ufern

loplop
rara

kuskus
tsetse

reizbestimmt : stimmt bereits

zehn puffer verputzen
evas vase

fußkehlkralle »select« leckt seele krakelfuß

effeff
dumdum
cancan

terzinen nennt sie teer

schwinger gershwin
trappe petra
elvis wiesel

tee mit neon ohne mitte

(mensch wie deren sechs sechsender schwimmen)

pi omi timur murrt die miopie

nur kobai baikonur
fraß sassafraß

falze n enzephal :
spanne – n'est-ce-pas?

(satzergänzung zungenersatz)

inder indirekt reckt inderin
bin kubist – bist kubin

(minka immer mehr im kamin)

dickt wer verdikt?

anonyme nistnille lenin ißt menü noah

barthelme mittelbar
schieren renshi

fontana naht aphon

(apfeldensität tät sieden – fell ab)

synonym : nimm o sinn
harmonie : nimm o haar
symmetrie : trimme sie

tischpalette gelatine näht die lage telepathisch

na vera wieso? so wie ravenna

(saprophil plemplem viel prosa)

erbin binär

bewegegewebe

kommen fladen den flamenco –
whiskeylenze zählen kiwis

goya jago
apis pisa
gouda dachau

toga velarlarve gatow

an die sie obsiegen gehn sie obsidian

(ananasjoghurt gurrt jonas anna)

mäkle klemme
bunkerkerbung
nahe hennah

(termiten ach achten mieter)

tontriole leo triton
gähnt tuberkelkälbertugend

only lyon

ophüls fühlt so
physiks x-füß

ça ira raissa

(spar canetti yogi : guillotine caspar)

catos tosca

ruß wie virus

fackt treppe pessimist mißt sippe petrefakt

witzeklau clausewitz

(der an leggs alerte teller alexander)

redewebel belvedere
kälte nehme menetekel
nettonote tenno thonet

renn bei tele lethe byron
alpenkelle lecke penal

(alltagssinn syntaxall)

stell die distel
kauz wie zwickau

davos : wo's da-
rin gagarin

(einheitsmongole legomohn heiz ein)

periode deorippe

pelikan kann lippe
sciascia

tiericht käse – säcke riecht ihr

(wen dilemmatukans enden denen kannst du malediven)

erwidere : rede wie er

rieche eckern kerne erich

(sie fände barlach lachbar defensiv)

erpelkehrer erkerpeller

kellerkerlelöcker loerke

picco bello lobe kopie

(dali empire : pyramidal)

aalnaß nasal
die viper perfidie

senflos flossen
deren ränder

kandisdiskant
an cello o celan

augengenau

(sanitäres äser-nizza)

avis visa
meiden den mai

(rainbow : mit all den gänsen sengenden talmi bohren)

nie die argumente – themen guardini
laszive synthese sät eh sinnweh szilla

turn kodak samurai reih musadagh kothurn

(testatplan im implantattest)

tee »norden« – o die dioden orten
um die poesie – siehe podium

menschewikizähne ätzen kiwischemen

o esther stereo
gib's ihm im gips

stanz konfetti tiefe konstanz

(emulgator torga mule)

kußsimulant landmusikant kantsimulant landmusikus

(bethels edmund mundet elsbeth)

lesesäle
lesesäle

themengiere regimente

riemer wehsal salve mary

(strano sakko cosa nostra)

tischrinne neritisch?

nie liefe fellini
kuckuck

nie lahm am nil
riefe rippe peripherie

(sag kobaldsack sag bald kosack)

ne miese seemine

(tollen nekromant mahnt krone lento)

zell am see selam zeh

samsa saß am
penny nippen

(leere dellenlende relais)

pißzähre planspiel spielplan rezepiß

wer papaver
razza tzara

konkav in cannes kaninkaff caens

(parterre canard narr katerpaar)

bänker werden denverkerben
bis amos oder dero mosambique

jeder der je
rangiere regie ran

denn honigwabenstaufer verstauben wenig hoden

(these rodelbahn : bandelrosette)

kam an lhasa salamanca
beisal zero rose salbei
sah pan quito toki pansa

(beulenvarietät täte rivalenboy)

tischmadig à part – paradigmatisch :

nena schärfe fescher ahne
schärfe ahne nena fescher
fescher nena ahne schärfe
ahne fescher schärfe nena

u s w   u s f – ephesu wehes u

(pyramus an thisbe : bettys anus am pier)

der herr herder
danken sowohl wollsocken dann

(falls trotta kaunda down katastrophal)

letzter sterlet

schema masche

gegengänge

letzter schemamasche sterlet
zähme meltautaumel metze
letzter taumel meltau sterlet
bammel netze zähne melba
butze schematau : melmel : taumasche zebu

laos nähme menelaus

(mehl taurus rußtaumel)

elly dada liehe
dahlie elida –
da liehe el ida
eh ly dali eh

(der finstere restefinder)

peccavi wie kappe

(no – sie quarantänen äther an kasino)

kahl die rah : radikal
terzerol rollt zeter

trocadero rode quattro
colorado-dora loco

strohkadaver pralle kerbe becker lepra wer da castro

(englisch kaffee : fäkalisch eng)

tippe rippe peripetie

berühre rehrübe
xeroxe seerocksee
erfasse sehfaser –
synapsen sehn ab sie

tabus näht die crysanthemenmenthe an christine busta

(entzieh die indiskret krethis indizien)

engels ränke kehren gelsen
nemo näher – ach nee monet?

arriva basedow – dose bavaria
labe ami merkantil : till kann mehr, mia bella

galli : lea dei – ideale liga

naht er in dubio pro re : repro bio du internat

(tankwart war tang)

docht geblockt blockt gedocht
spült verrückt rückt verspült

buckt entzirrt zirrt entbuckt
zwackt verköhrt köhrt verzwackt

streckt behepst hepst bestreckt
doscht gezuckt zuckt gedoscht

so'n kinnpaar parkinson
ging stevenson sehn – wähnst i ging

(henry – sie aß assyrien)

reckt dir indira radi indirekt
fällt stiege sissi gestiefelt

(rohbüßerei reisebüro)

mangel an wange gewann angelmann

pecunia : ah nie coupée

referat wange gewann radfähre

(steppe thorsten stentor peste)

kerker
yoyo
mamma
tschautschau

skorbut buht 's corps

(sensodyne? nee die soßen)

kriechtier : ihr kriegt
anis domani – nimm adonis an

ysarlykschalwar war schalig sari

neu hansa sah hanoi
rein eh sie sine ira
zweifel wer werfel zwei

(fischkuhdemo mode kufisch)

walderinnerung runge-intervall

pepe

weil stalin linst allweil

gaga
lulu
bobo

nicht imstand – stand ihm nicht

(alain an flondor – dorflohn an lena)

lenz stippe pestilenz

weh löse seelöwe

(dem adi diadem)

papa
vivi
toto

(penthesilea : alle sie teppen)

bellt's wie zwiebel-
brüste täbris :

gell ideen demnach nach dem ende igel

(»synapsen sehn ab sie«)

Zum Buch

Palindrom: »ein Wort, ein Stück Text, das vor- und rückwärts gelesen gleich lautet (reliefpfeiler; ton tut not) und/oder zumindest einen Sinn ergibt (regen; nebel; gras)«.

Nur: was heißt »gelesen«?

Nur: was heißt »lautet«?

Es geht um die elementaren Teile beim Reden, beim Schreiben, beim Lesen.

Entscheide ich mich, klassisch, für den Buchstaben als kleinste Einheit, so läuft der Text, den er bildet, anders linear als er doch lautet: aus »ein« wird »nie«, aus »lieb« wird »beil« – was nie zu hören war, zwingt mir der deutsche Buchstabe übers Aug ins Ohr. Aus »zaren« wird auf der Buchstabenebene niemals »'ne rast« – aus »nordachse« niemals das »eskadron«, obwohl das Ohr doch auf diese Weise linear verfährt.

Nicht die Entscheidung, was ich als kleinste Einheit »ansehe« (»anhöre«), ist ein Akt der Willkür, sondern die Willkür, mit der die kleinste Einheit mir den Textverlauf als linear aufnötigt oder erscheinen läßt, ist entscheidend.

Ein anders lineares Lesen (einen anderen Zustand von Linearität vorausgesetzt) ergibt andere, nicht weniger arbiträre Elementarteile, die sich und es daraus ergeben – etwa das Wort in seiner Gesamtheit und grammatikalischen Abgegrenztheit als Baueinheit ganzer Sätze (welche Syntax erlaubt und generiert diese Art des irreversibel-reversiblen Umgangs im Gefüge – und mit welchen Wörtern ja, mit welchen nicht?); oder, wieder anders gelagert und mit ganz anderen Implikationen, die Silbe als Einheit, wie sie im Redeverbund das Ohr strukturiert (wo in der Silbe sitzt »der Sinn«? um welchen »Sinn« geht es, sobald bei dieser Entscheidung fürs kleinste Teilchen die Tauglichkeit für Vor- und Rückwärtsbindungen die Abläufe bestimmt? und es lassen sich andere Einheiten denken; im Palindrom-Test wird Denken erzeugt wie simuliert.

Andere Kleinsteinheiten – andere Linearitäten.

Wie linear, fragt man sich, ist Linearität überhaupt? Wenn, überlege ich, sprachlich Lineares in ständigen »Rückkoppelungsvorgängen« passiert (wobei die »rechte« und die »linke« Gehirnhälfte über ein Scharnier – welches? – sich – in welcher Richtung? – aktivieren und inhibieren, ausrasten, einrasten) werden Erinnerungsmomente wohl neuropalindromitisch ausgelöst bzw. produziert: Bewußtsein kommt auf als Sprachvorgang, Linearität läßt sich, wenn auch eingefärbt von der Eigengesetzlichkeit, mit der die jeweils angenommene Kleinsteinheit vorgeht, aber doch denken. Wann unterwegs, das ist die Frage, kommt unerkannt kein unerkannter Rekurs auf mich zu?

Im Palindrom schaffe ich künstlich und arbiträr »in nuce« (als Ausnahme) *den »unbekleideten« Sprachzustand, den ich gerne als Modell ansehen möchte*, in dem die physikalische Zeit (falls es sie gibt) mir sprachlich bewußt wird (falls es mich gibt): Text, der selber sich liest.

> Ein Text der selber sich liest, liest sich selber in Leserichtung durch und in der anderen, die keine Leserichtung, ihm aber gleichwohl eigen ist, auf. Nur wenn diese andere Richtung, in der er sich selber aufliest (andere Lesart: auflöst), auch in der einen Leserichtung, die er durchliest, zum Tragen kommt, das durch ihn liest, hört er nicht auf, ein sich selber lesender Text zu sein, d. h. eine Stimme, die aufhört wo sie durchkommt und auf-

kommt wo sie sich durchhört, sondern trägt sich selber so glücklich fadenscheinig vor, daß jedes Ohr (das in Leserichtung, und das in der anderen) im Nachteil ist, denn auch sie gehören nur zum Text der selber sich liest.

Denn wahrscheinlich funktionieren sprachliche Elementarteilchen dann und dort und deshalb, weil und wo und wenn sie willens sind, keine Zeit zu sein oder zu brauchen. So wie Linearität ja nur ein Wort für Zeitlichkeit ist, so ist mir die Unzeit der Kleinsteinheiten eine Hypothese für ihre zeitliche Anderswärtigkeit vor oder hinter dem Scharnier des Palindroms – ihre »Aufenthaltswahrscheinlichkeit«.

Ohne Sprache keine Zeit.

Und: andere Sprachen – andere Zeitvorstellungen.

Im Palindromtext, stelle ich mir vor, testen seine Bauteile den »locus amoebius« oder »Tunneleffekt«, den sie ungleichzeitig-gleichzeitig nutzen.

> »Der Tunneleffekt«, heißt es nämlich in Forschung und Wissenschaft, »läßt sich so verstehen, daß ein Elementarteilchen sich niemals an einem bestimmten Punkt im Raum befindet. Es ist ein ausgedehntes Phänomen – eben nicht nur Teilchen, sondern zugleich auch Welle – und hat deshalb auch jenseits einer Barriere eine gewisse Aufenthaltswahrscheinlichkeit.«

Ja, im Palindromtest textet der Tunneleffekt oder locus amoebius seine Analogie zum Scharnier. Wie beim Lesen eines Januskopfes, beispielsweise silbenmäßig: Kopfnuß Januskopf.

*

Mein Privatlabor kann ja von dem, was in ihm (und mit ihm) schon geschehen ist, nicht absehen. »Vom nachdenklichen Vorgriff auf herkömmliche Widerstände« – ja damals meine Jahreszeit im Anagramm; und sie bereits mit einer Vorgeschichte aus der Begegnung mit Petrarca und später dem Korsett der Sonetburger. Da war der Schritt zum Palindrom schon vorgezeichnet? Dagegen galt es sich zu wehren – durch Einlassung.

Und irgendwie gewappnet. Das »zeitlos Transitorische« im Anagramm war für mich zwar ausgereizt, aber es flackerte ganz schön zeitverhaftet, also läppisch, weiter, etwa in der hirnrissigen Frage, »was früher da war« (eben nicht nur Ei oder Henne, Wort oder Anfang, Kolumbus oder Amerika, sondern auch Palindrom oder Anagramm). Ließe sich nicht durch »Zusatzregeln«, die manchmal ja geklappt haben, auch hier (diesmal) der springende (poetische) Punkt herauskitzeln, in dem die Zeitachse mit ihrer gräßlichen Irreversibilität (die vom Anagramm ja demonstrativ geleugnet, vom herkömmlichen Palindrom nur buchstabenmäßig wahrgenommen wird) sich selber »wie im Sinn« kurzschließt – oder womöglich längst kurzgeschlossen ist?

Im Palindrom jedenfalls thematisiert sich die Irreversibilität, indem sie sich auffrißt – Mordnilapsuspalindrom: »Ich habe Johann Nestroys Zivilisationsgroteske vom Häuptling Abendwind oder dem greulichen Festmahl bis auf die Knöchelchen abgenagt, die meine Knöchelchen sind. Denn die reale Menschenfresserei (Anthropophagismus) ist eine vom Standpunkt des Menschen auf sich selbst bezogene Art des Verzehrs, die im Mund, also mit der Zunge oder Sprache beginnt, im Zwerchfell sich umstülpt und an den Extremitäten endet, also ein palindromitischer Vorgang der Einverleibung und Entäußerung, kurzum ein Text, der mit sich hadert, nicht metaphysisch, sondern tatsächlich, also vom Anfang, der schon sein Ende ist, über ein dubioses Scharnier zu einem Ende, das schon im Anfang war, das Wort. An sich ein verzweifelnder Vorgang der Rücksicht auf der und auf die Zeitachse, die ja nur in einer Richtung läuft, eine entsetzliche Geschichte mit Südseezauber im Abendwind. Wer im Kessel sitzt, kennt das Scharnier. Noch hängt die Syntax in Fasern dran. Das sind die Palindrome, an denen sich Sprecher noch einmal aus dem Schlamassel ziehen.«

Nun, die »Zusatzregeln«, nennen wir sie einmal so, ergaben sich diesmal (hier) aus der Suche nach anders bedingten und anderes bedingenden speziellen Kleinsteinheiten für das allgemein tradierte Palindromverfahren. Oder, anders gesagt, aus dem jeweils naiven, arbiträren, künstlichen, ruhig auch: albernen Blickwinkel auf die organischen Schritte im Zusammenhang der Sprache.

*

Lappalien: Im Kopf, doch fast wie neben mir – das Bild von einer »Zeit«, wie sie »fließt«; wie ist das nun. Woher dies unumkehrbar Fließende im Bild? Wem fließt, was nicht zu Gebote steht, wann wo durch. Und wie? Von gestern ins Heute, von hierjetzt nach Morgen? Oder aus dem was kommt in das was ist zu dem was war. Oder gewesen wäre? Dumme Frage. Unwiderbringlich dumm, weil (oder seit) ich sie stelle. Sprache macht Halt – und macht halt manches möglich, das ungefragt nicht wäre. Nur, wenn ich sage A B C D B C A – tut das der Zeit etwa weh? Habe ich sie gegen ihren Strich gebürstet, wenn (oder weil) das Alphabet seine Richtung verläßt und sich erinnert? Schert die Zeit sich überhaupt um meinen Text, der sich doch offensichtlich sehr um sie schert, indem er sie zu ignorieren, ja zu tilgen trachtet? Für wen halte ich mich, da sie, so demonstriert mein Text, unbeirrt weiterfließt, oder plätschert, oder weißgottwas. Wo ich sie packe, läßt sie mich auflaufen. Wo sie mich packt, klammere ich mich fest, und aus: sie kann die Wörter und die Silben nicht schlucken, wir bleiben uns im Hals stecken, sie stopft mir ihren Finger in den Hals – schon würgt sich was raus, bis hin wo nichts war vor dem Anfang, kein Wort, keine Zeit: eine Bescherung! Was weitergeht, kommt unter den Hammer. Was stehnbleibt, geht über die Hutschnur: hutsch nur, hin und her, Kopfnuß Januskopf, Schnippchen und Schnäppchen gegen den Lauf der Welt, meine Hängematten, Durchhänger, Staudämme aus Schaukelsätzen, oder, bitte: widerläufig geknüpfte Haken im Fleisch der Zeit: wie man mit Palindromen Ohren wie Forellen fängt, etwas wie Vergewisserung – es gab uns doch, es gab sie doch.

*

Die Wurst und ihre Zipfel. So einfach scheint Gemüt sich zu begründen wie genügen (ü-Prädominanz). Will sagen, was ihm fernliegt: der Überbau des Palindroms als Geistesmacht-Allegorie für so geballte Ideen wie »Natur«, »Geschichte«, »Wiederkehr«, gar »Schicksal«.

Meine Palindromgebilde »wollen« (ob sie's tun, wäre zu überprüfen) unter anderem ja gerade solche geistesgeschichtlichen Ball-Lungen geduldig untersuchen, im Krebsgang etwa einen Faden legen gegen den Anspruch allgemeiner Hüte wie »Zyklizität« und andere Teleologien, die ich im Verdacht habe, bloß Knäul aus diesem Faden zu sein. Auch ich bewege mich im Bannkreis der Metapher.

Nur bitte etwas kleiner.

Einen Anspruch, freilich, haben meine Palindromgebilde: den versammelten Wissenschaften, die sich um ihre Sprache nicht mehr drücken können, sich und damit etwas an die Hand zu geben, das weder Erzeugnis noch Autorschaft ist, oder, diskontinuin, dies wie das. Mögen sie, die Wissenschaften, davon Erkenntnis ziehen – soweit die sich beschreiben läßt.

Im Grunde scheint es mir, wie gesagt, sehr einfach: im Palindrom kommt Sprache, auch meine, analog wie exemplarisch zum Selbstbewußtsein. Aber nicht »durch« Zeit, nicht »im« Raum – sondern eher: »Zeitraum *ist* Sprache«. Dies ist ein Satz und keine These.

Im Palindrom lese ich gegen die Ausdehnung, auf die ich mich konzentriere.

Als Leser dieses Buches wünsche ich mir jeden, der nicht imstande ist, Wissen von Sprache zu trennen.

*

Buchstabenpalindrome, seien es Blöcke, seien es Zeilen, gibt es in diesem Buch also nicht.

Der traditionelle Palindrombaustein Buchstabe (selbst, was konsequenter wäre, der Einzellaut – also k und dann s, statt in einem x) war mir als Schrittmacher von der Beschäftigung mit dem Anagramm her wohl zu reizlos geworden. Und angesichts der Anstrengungen, die auf der Buchstabenebene laufen, zu anfällig für Funde, die es längst gibt. Ja und generell zu wenig »poesiefähig«, weil Wucherungen, die in den Bedeutungsbereich ragen – und solche sollten es doch sein – von der Zahl 26 (im Deutschen) recht begrenzt sind. Es geht ja um den jeweils einen, den widerläufigen Fall in der Unmenge von möglichen Permutationen.

Versuchen wir es also statt mit a mit apfel, statt mit b mit -bar-: Wörtern, Silben. Sie sind weniger abstrakt als ihre Elemente.

*

Wörterpalindromblöcke (I), selbst wenn sie lang sind, zeigen relativ offen die Machart: es sind die gleichen Wörter, die nach (hinter) dem Scharnierwort widerläufig auftauchen, höchstens in anderer Schreibweise, wenn sie gleich lauten (fast – faßt). Dort nehmen sie, in oft veränderten syntaktischen Funktionen, ihren Rücklauf. Zur Hauptperson in diesen Gebilden wird anscheinend die Syntax. In deren Raster erscheint der Wortbestand wie zufällig, auswechselbar; das Fleisch des Textes, denkt man, sei eine Frage der lexikalen Einfärbung. Aber es ist ein Zusammenspiel: nicht jede Satzart läßt sich mit nicht jedem Vokabular »bedienen«. Die Eigenwilligkeiten beider entblößen einander – auf den wunden Punkten der Syntax schwären ganz bestimmte Wörterfarben, die diese Punkte erst offenlegen. Formale Gleichheit unterschiedlicher Funktionen wird da zum Kriterium: homonyme Verbal- und Nominalformen, polyvalente Präpositionen, beiordnende Konjunktionen, manchmal ein Changieren von transitiven/intransitiven Zuweisungen – und im Bereich der Hauptwörter ein Trend zum (artikellosen) Abstraktum. Eine Stilebene, so scheint es, reflexiven Wälzens von Motiven gedämpfter Obsession.

Im Dilemma, ob einsilbige Wörter Wörter oder Silben seien, sah ich kein Hindernis, mit ihnen umzugehen. In den durchgängig »einsilbigen« Blöcken zeigt sich dafür manchmal ein seltsam an Gertrude Stein erinnerndes sozusagen sprachphilosophisches und gleichzeitig reizend farbloses Muster, egalitär.

Wie alle Texte dieses Buches wurden die Wörterpalindromblöcke mit der Hand geschrieben: aus zwei Richtungen auf dem Blatt Papier, von links oben und gleichzeitig (parallel?) von rechts unten zeilenweise auf die weiße Mitte hin; die sich dann, im Glücksfall, plötzlich im Scharnier »wie selbstverständlich« schloß.

*

Silbenpalindromblöcke (II). Chronologisch sah das so aus: 1986 hatte ich mit den Wörterpalindromblöcken begonnen; die ersten – siehe auch den Motto-Block – nannte ich noch ahnungslos einfach »Palindromsätze«. Vier von ihnen nahm ich 1987 in den fürs Sommerfest des Literaturhauses Berlin geschriebenen Text »Mordnilapsuspalindrom« auf, der dann bald vom WDR als Hörspiel realisiert und mit dem Essay von Klaus Ramm »Zehrt das Ohr vom Ohr das zehrt« gesendet wurde. Im Winter/Frühjahr 1988 versuchte ich den ersten Palindromblock nach dem Verfahren »Silbe als kleinste Einheit« – es war »ein herber aderleiter . . .«. Dann wieder mehrere Wörterblöcke, bis »der legende machtrausch . . .« erneut aus Silben kroch; und dann ging es abwechselnd in Schüben weiter, mal Wörter-, mal Silbenblöcke.

Die meisten Silbenblöcke schrieb ich einfach vor- und rückwärtstastend (doppelt blind) aus dem Kopf. Als ich merkte, wie begrenzt im Deutschen die »Palindromtauglichkeit« der Silben ist, wollte ich es aber gründlich wissen und begann (etwa Herbst 1988) den Wahrig zu wälzen, später, als mir die Silbentauglichkeit von Eigennamen aufging, auch die 20 Bände dtv-Lexikon. Aus dem Stapel Silbenlisten (mit ihren potentiellen Vor- und Rückanschlußmöglichkeiten) sind dann vor allem die Silbenpalindromzeilen mit und ohne Achse (IV und V) entstanden – Doubletten, die sich immer wieder ergaben, wenn etwa in den Nachschlagewerken sich die gleichen Disponibilitäten mal beim Stichwort »Masche«, mal beim Stichwort »Schema« ergaben, bin ich nicht konsequent ausgewichen. Schließlich verwendet nicht nur das Alphabet seine Buchstaben immer wieder – auch Autoren haben Lieblingswörter; und wechselnde Kontexte. Die wenigen Wörtergruppenpalindromtexte (III) mit ihrer Weiterung zur Prosodie kamen (nicht erschöpfend, bloß angetippt) erst zum Schluß hinzu.

Die Silben und das Palindrom – für einen Nichtlinguisten eine aufregende Sache. Welche Einrastbuchten und -zapfen müssen Anfangs-, Mittel- und Endsilben aufweisen, um palindromfähig zu sein? Und wieso eigentlich sind griechische Namen und Fremdwörter dem deutschen Palindrom silbenmäßig freundlicher gesinnt (falls die Feststellung stimmt)?

Fähig, tauglich, wohlgesonnen hieß für mich aber auch: aussprechbar, und zwar nach Trennungen, die das Ohr setzt und auf der anderen Seite wieder schließt, also das Rüberziehn (oder Doppeln) von Lauten – »quartal : talg war« – und gewollt unrealistische Akzentverlagerungen – »kochte : teekoch«.

Im Deutschen, so schien es mir, stellt sich heraus, daß der palindromaktive Silbenbereich (sehr klein, das Gros der Silben bleibt davon ausgeschlossen) zu recht farblosen, oft poetisch verwaschenen Wörtern führt (lese – seele/säle; gänse – segen/sägen). Dagegen manche Eigennamen! manche Fremdwörter! – da sind ja oft die schönsten Blasphemien »schon angelegt«. Jedenfalls führt das Silbenverfahren zu einem bestimmten und begrenzten Vokabular, das in seiner

Spartenhaftigkeit vielleicht mit dem der Kreuzworträtsel vergleichbar wäre, aber eben nur darin.

Der ganze palindrom-inaktive Silbenbereich mitsamt dem Vokabular, das er bildet, wird dadurch umrissen, daß er im Textteil dieses Buches gar nicht erst auftauchen kann.

Aber auch das Korsett der wenigen grammatikalischen Formen, die im Silbenverfahren erstellbar sind! – ob die Bedeutungsbereiche, die sie abstecken, mir nun behagen oder nicht. Diese penetranten Imperative! Diese langweiligen Infinitive und dritten Personen Mehrzahl!

Frage: Dekuvriert die Lesart Silbenpalindrom, diese Art Sinn zu konstituieren, genauer als die Lesart Alphabet – etwas von der deutschen »Sprachseele«? Ich fürchte, die Frage nimmt die Kurve zu weit.

Was mich an den Silbenpalindromblöcken aber wirklich fasziniert, ist, daß sie sich als scheinbar irreversibel linear durchlaufende Texte lesen: nach dem Scharnier tauchen neue Wörter, neue Bedeutungen auf, die Semantik der Sätze scheint völlig autonom zu ihren Schlüssen zu gelangen. Vom objektiv gegenläufigen Prozeß in seinem Silbenschritt dringt wenig in die Oberflächen-Logistik durch. Und doch scheinen es eben schlüssige Texte zu sein. Wahrscheinlich ist es der trotzdem »sich selber lesende Text«, der hier an anthropomorphen Grundstrukturen partizipiert, ob wir das Ergebnis nun »Poesie« oder »Eigenzeit« oder »Analogieerlebnis« nennen.

*

Wörtergruppenpalindromtexte (III).

»man könnte ja einen teiltext, der eben noch in richtung obergrenze, also maximal, als textteil anzusehen möglich wäre (und zwar in gedanken, denen diese obergrenze eben noch textgenau, sonst wären sie keine, als ihr rand zu denken denkbar wäre) dermaßen in die breite wuchern lassen, daß der rand von dem die rede war z. b. von dem buch, in dem die einheit textteil stünde, nicht einmal zum teil erfaßt und sie, die einheit textteil, deshalb in dem buch ›lange vor ihrem ende‹ unterbrochen würde, bzw. an den rand, an den zu denken denkbar wäre, erst in anderen büchern oder überhaupt nicht mehr gelangen könnte, dies ihr aber kaum zum nachteil, da der rand doch denkbar wäre, würde, demnach man jeden noch so langen text als teil des textteils denken könnte, der in diesem geschäft den schrittmacher ausmacht, wir aber hier in dieser lage uns nun doch entschließen sollten (weil die obergrenze ja nicht unbedingt ein ding der menge wäre) einfach und abrupt mit einem (zugegeben wieder äußerst kurzen aber keineswegs als randlos figurierenden) teiltext ›im scharnier‹ uns zu begnügen, *denn* man könnte ja einen teiltext, der eben noch in richtung obergrenze, also maximal, als textteil anzusehen möglich wäre (und zwar in gedanken, denen diese obergrenze eben grad noch textgenau, sonst wären sie keine, als ihr rand zu denken denkbar wäre) dermaßen in die breite wuchern lassen, daß der rand von dem die rede war z. b. von dem buch, in dem die einheit textteil stünde, nicht einmal zum teil erfaßt und sie, die einheit textteil, deshalb in dem buch ›lange vor ihrem ende‹ unterbrochen würde, bzw. an den rand, an den zu denken denkbar wäre, erst in anderen büchern oder überhaupt nicht mehr gelangen könnte, dies ihr aber kaum zum nachteil, da der rand doch denkbar wäre, würde, demnach man jeden noch so langen text als teil des textteils denken könnte, der in diesem geschäft den schrittmacher ausmacht, wir aber hier in dieser lage uns nun doch entschließen sollten (weil die obergrenze ja nicht unbedingt ein ding der menge wäre) einfach und abrupt mit einem (zugegeben wieder äußerst kurzen aber keineswegs als randlos figurierenden) teiltext ›im scharnier‹ uns zu begnügen«

Und dies eben wäre so ein Wörtergruppenpalindromtext aus drei Gliedern, in dem es sogar um die Sache geht, nämlich zu zeigen, daß in solchen Dimensionen der Widerlauf deutlich auf der Kippe zur schieren Wiederholung steht. Eine Sache der Optik? Nicht ganz. Die Optik »bemißt sich« aus der Beschaffenheit des Lichts. Der Hund, der in die Küche lief, erhält »zum Schluß« einen Grabstein »auf dem geschrieben stand : Ein Hund lief in die Küche . . .« usw. Iterationen, und irgendwo im Gefolge die schönen Wörter Mandelbrotmenge, Apfelmännchen, Schäferstab. Das Hündchen, das im kleinen wie im großen das Chaos zusammenhält.

Je größer sein Schritt, um so illusorischer die Bestimmung, in welcher Richtung er erfolgt.

Kleinere Gebilde (Ghasel, Rondeau, die Vielfalt der Refrains) wären somit mehr oder weniger im Palindrom aufgehoben: Kehrreime partizipieren an der Sinnkonstitution; das Ornament wird wesentlich, Funktion.

nieman kan mit gerten
kindes zuht beherten
den man z'êren bringen mac
dem ist ein wort als ein slac

den man z'êren bringen mac
kindes zuht beherten
nieman kan mit gerten

Walther von der Vogelweide. Bezeichnend, daß die Übersetzung ins Neuhochdeutsche dann bei der Scharnierzeile aufhört und Pünktchen setzt . . .

Wörtergruppenpalindromie ist also nichts Neues. Jede selbstbewußte Literatur geht mit ihr um – bis etwa hin zum fulminanten »Encounter«-Kapitel aus dem Text »Geschlechter & Masken« von Gunter Falk.

*

Silbenpalindromzeilen mit Achse (IV). Als ich begann, etwas systematischer mit den palindromaktiven Silben meiner Listen umzugehen, kam es zu frappierenden Fundstücken, Kleingebilden, die ich als einzelne Palindromzeilen stehen ließ. Oft hat erst die arbiträr gesetzte Mittelsilbe schlagartig was Stimmiges bewirkt (»erzieh nie phönizier« – undenkbar ohne Föhn). Zeilen, die mir dann zu schade waren, um sie in Textblöcken vielleicht zu verschleifen. Bald gab es eine Unzahl solcher Splitter. Den ersten Anlauf, sie zu Einzelgedichten, womöglich mit Titel, zu gruppieren, gab ich auf: zu bedeutungsschwanger gaben sich diese Gebilde, zu überfrachtet. Im einzelnen wirken sie ja oft wie Aphorismen, Epigramme, apodiktische Kurzdefinitionen, ja wie Kalauer oder gar Schüttelreime (»bin kubist – bist kubin«). Schließlich brachte ich sie in einen langen titellosen Kontext, der zwar gewisse Höfe oder Schlaufen bildet, den Einzelzeilen aber genügend Atem läßt.

Noch eine Beobachtung: über jedes gelungene Fundstück konnte ich mich wie ein Schneekönig freuen – bloß je mehr sie sich häuften, um so selbstverständlicher wurden sie: selber schon zu Bausteinen geschrumpft. Natürlich hätte ich sie wieder palindromisch anordnen können (Palindrom im Palindrom); was hätte diesen kurzgewürzten Zeilen das aber – zusätzlich, nicht additiv! – gebracht? Nun, das staunende Verpuffen im verpuffenden Staunen war als Begleitmusik zu ihnen mir gerade so eine Erkenntnis.

*

Silbenpalindromzeilen ohne Achse (V): eine vom Standpunkt der Palindromlehre leicht unorthodoxe Unart von IV, »reine« Spiegelung ohne das einfärbende Spiegelmaterial – darum womöglich konziser?

Quasi angetippt enthält diese Gruppe auch Übergänge zu permutatorischen Verfahren (»nena schärfe fescher ahne«, etc), deren Ausbau mir hier aber witzlos erschien – »die teilweise Geburt der konkreten Poesie aus dem Geiste des Palindroms«, eine weitere Unterordnung, aber wirklich nur als Nebenprodukt.

Und die nun doch verallgemeinerungswürdige Erfahrung, daß bei den Silbenpalindromen, seien es Blöcke, seien es Zeilen, mit oder ohne Achse, die »Lesbarkeit« in einer Richtung etwas »einleuchtender« von statten zu gehen scheint als in der anderen. Selbst die Symmetrie scheint irgendwo nicht symmetrisch zu sein, weil sie erkannt werden muß; und das ist nur sukzessive möglich. Mit anderen Worten: fern ufo sah sappho ufern

*

Kreuzungen, kombinatorische Mischformen haben mich in diesem Projekt nur peripher beschäftigt; obwohl sie sich hin und wieder anboten: in Gruppe III etwa Wörtergruppenpalindromtexte, in denen schon die Wörtergruppen Wörterpalindrome sind; in Gruppe V, wie schon erwähnt, kleine permutatorische Ballungen, die außerdem zeigten, wie relativ einfach sich bei nichtverzahnten Fundstückpaaren die Zeilen durch Einschub in der Mitte oder durch Anhängen an beiden Enden erweitern lassen. Leicht, wie gesagt, hätte ich Silbenpalindromzeilen (IV und V) wiederum in eine palindromische Abfolge bringen können.

Auch eine Verbindung zum Buchstabenpalindrom ließe sich z. B. akronymisch herstellen – etwa nach dem Muster »reliefpfeiler« jeweils der Anfangsbuchstabe als Kennmarke:

> »redet er leicht, ist er fürchterlich präsent – fürchterlich!
> er ist leicht: er redet«

> »reihn elf loch ihn eng, faßt puck fast eng in loch elf rein«

> »regeln entwickeln längsachsen, implantate erzählen (fuderweis) parmesan : fuderweis erzählen implantate, längsachsen entwickeln regeln«

– oder nach dem Muster *»ton tut not«:*

> »tausend ohne null, tausend unter tausend, null ohne tausend«

> »turm ohne niemals turnt – ubu turnt niemals ohne turm«

> »theo nippt tee und tee nippt tote«

Doch Mischformen hätten abgelenkt und verwässert, was ohnehin ganze Konzentration fordert.

Auch die Typographie verzichtet auf zusätzliche Kinkerlitzchen, etwa die Silbenpalindromzeilen auf Mittelachse zu setzen (Arno Holz ist eine andere Stilebene) oder je nach geraden und ungeraden Buchseiten links- bzw. rechtsbündig (hübsch, aber was sonst?).

Das einzige, was im Textteil des Buches gegen die Regeln verstößt, sind die Gruppenbezeichnungen I-V.

*

Analog ist mir lieber als Katalog.

Wenn eine Textsammlung auch ein Sachbuch ist, ist auch ein Palindrom ein Gedicht.

Die Gattung und der Kukuruz: auf einer heißen Platte hüpfen sie je heißer um so körner; scharf unscharf findet Umbedingung statt.

Ein Sensorium für Relationen entwickeln, sozusagen ein Skalpell aus dem beweglichen Stoff, der so künstlich ist, daß es, das Skalpell, selber zum Denkkörper wird – in das es schneidet. »Nach außen gestülpter Eingriff«, könnte man sagen, oder, den ungeschlachten Sprachkörper wendend, »ausgreifende Selbsterkundung«.

Wenn auch ein Muster zerstört wird, dem ich angehöre, hört, was auch zerstören muß, an mir nicht auf (Wilster Marschsatz).

Verfugt und verfügt sind meine Palindromgebilde auch die Vivisektion, der sie sich stellen – eben nicht bloß zur Verfügung.

Nur wenn im realen Realismus auch das Kunstgeschichtefenster finster wird, wird meine Leserichtung doch von links nach rechts auch davon nicht verständlicher.

Du kannst mit Wanst und Magen ja auch Sollbruchstellen sagen. Aber wenn die Sinneinheit, mit der ich operiere, auch mit mir umgeht, geht die Achsensymmetrie, die mit mir operiert, mir auch unters Menschenrecht (Gürtel, Haut, Wecker).

Die Überdetermination bestimmter Teile und die unbestimmten Lösungsmittel (Detergentia): ein Schäumungsprozeß.

Bloß wenn sie mich interessiert, weil ich auch intersum, summt nicht nur mir die intersensikale Pampelmuse auch ganz schön absurd (Seifenwind).

Ein Sensorium für taube Sinne wickeln.

Der Hund geht und. Was geht und noch? Und geht haschen und Maschen zur Öhse.

Wenn Einschränkungsverschränkungen auch Verhärtungen sind, sind Laschenzwingerlaschen doch auch Schrittmacher.

»Nicht was verbindet trennt, sondern was trennt verbindet«.

Berlin, Schlüterstraße
29. 8. 1989

Inhalt

Edition Akzente

Giorgio Agamben: Idee der Prosa
John Ashbery: Eine Welle. *Gedichte*

Gaston Bachelard: Psychoanalyse des Feuers
Gaston Bachelard: Die Flamme einer Kerze
Georges Bataille: Das Unmögliche
Reinhard Baumgart: Glücksgeist und Jammerseele. *Über Leben und Schreiben, Vernunft und Literatur*
John Berger: Und unsere Gesichter, mein Herz, vergänglich wie Fotos
Horst Bienek: Das allmähliche Ersticken von Schreien. *Sprache und Exil heute. Münchner Poetik-Vorlesungen*
Bettina Blumenberg: Vor Spiegeln. *Erzählung*
Karl Heinz Bohrer: Nach der Natur. *Über Politik und Ästhetik*
Jorge Luis Borges: Geschichte der Nacht. *Neue Gedichte. Zweisprachige Ausgabe*
Joseph Brodsky: Römische Elegien und andere Gedichte
Joseph Brodsky: Erinnerungen an Leningrad
Joseph Brodsky: Marmor. *Ein Stück*

Roger Caillois: Steine
Roger Caillois: Der Krake. *Versuche über die Logik des Imaginativen*
Italo Calvino: Kybernetik und Gespenster. *Überlegungen zu Literatur und Gesellschaft*
Elias Canetti: Der andere Prozeß. *Kafkas Briefe an Felice*
René Char: Rückkehr stromauf. *Gedichte. Zweisprachige Ausgabe*
Gerrit Confurius: Sabbioneta – oder die schöne Kunst der Stadtgründung

Martin R. Dean: Außer mir. *Ein Journal*
Tankred Dorst: Der verbotene Garten. *Fragmente über D'Annunzio*

Umberto Eco: Lector in Fabula. *Die Mitarbeit der Interpretation in erzählenden Texten*

Lars Gustafsson: Eine Liebe zur Sache. *Prosastücke*
Lars Gustafsson: Die Bilder an der Mauer der Sonnenstadt. *Essays über Gut und Böse*
Madeleine Gustafsson: Die Lawine hinauf. *Gedichte*

Ludwig Harig: Das Rauschen des sechsten Sinnes. *Reden zur Rettung des Lebens und der Literatur*

Seamus Heaney: Die Hagebuttenlaterne. *Gedichte. Zweisprachige Ausgabe*
Gerd Henniger: Spuren ins Offene. *Essays über Literatur*

Felix Philipp Ingold: Haupts Werk. Das Leben
Felix Philipp Ingold: Mit andern Worten
Felix Philipp Ingold: Echtzeit. *Gedichte*

Edmond Jabès: Das kleine unverdächtige Buch der Subversion

Dietmar Kamper: Das gefangene Einhorn. *Texte aus der Zeit des Wartens*
Dietmar Kamper: Hieroglyphen der Zeit. *Texte vom Fremdwerden der Welt*
Friedhelm Kemp: ». . . das Ohr, das spricht«. *Spaziergänge eines Lesers und Übersetzers*
Milan Kundera: Die Kunst des Romans. *Essay*
Günter Kunert: Vor der Sintflut. *Das Gedicht als Arche Noah*

Wolf Lepenies: Autoren und Wissenschaftler im 18. Jahrhundert. *Buffon, Winckelmann, Linné, Georg Forster, Erasmus Darwin*
Emmanuel Lévinas: Eigennamen. *Meditationen über Sprache und Literatur*
Jakov Lind: Eine Seele aus Holz. *Erzählungen*

Claudio Magris: Mutmaßungen über einen Säbel
Jürgen Manthey: Wenn Blicke zeugen könnten. *Eine psychohistorische Studie über das Sehen in Literatur und Philosophie*
Christoph Meckel: Erinnerungen an Johannes Bobrowski
Henri Michaux: Momente. *Durchquerungen der Zeit*
Henri Michaux: Unseliges Wunder. *Das Meskalin*
Norbert Miller: Strawberry Hill. *Horace Walpole und die Ästhetik der schönen Unregelmäßigkeit*
Czesław Miłosz: Das Zeugnis der Poesie
Yukio Mishima: Zu einer Ethik der Tat. *Einführung in das »Hagakure«, die Samurai-Lehre des 18. Jahrhunderts*
Libuše Moníková: Schloß, Aleph und Wunschtorte. *Essays*
Eugenio Montale: Gedichte 1920–1954. *Zweisprachige Ausgabe*

Ivan Nagel: Autonomie und Gnade. *Über Mozarts Opern*
Ivan Nagel: Gedankengänge als Lebensläufe. *Versuche über das 18. Jahrhundert*
Ivan Nagel: Kortner-Zadek-Stein

Oskar Pastior/Francesco Petrarca: 33 Gedichte
Oskar Pastior: Lesungen mit Tinnitus. *Gedichte 1980–1985*

Oskar Pastior: Kopfnuß Januskopf. *Gedichte in Palindromen*
Francis Ponge: *Schreib*praktiken oder Die stetige Unfertigkeit

Janis Ritsos: Unter den Augen der Wächter. *Gedichte*
Juan Rulfo: Der goldene Hahn. *Erzählung*

Claudia Schittek: Flog ein Vogel federlos. *Was uns die Rätsel sagen*
Alfred Schmidt: Goethes herrlich leuchtende Natur. *Philosophische Studie zur deutschen Spätaufklärung*
Alfred Schmidt: Idee und Weltwille. *Schopenhauer als Kritiker Hegels*
Schuldt: Leben und Sterben in China. *111 Fabeln nach Lius Wörterbuch*
Manlio Sgalambro: Vom Tod der Sonne. *Essay*
George Steiner: Martin Heidegger. *Eine Einführung*
Marleen Stoessel: Aura. *Das vergessene Menschliche. Zu Sprache und Erfahrung bei Walter Benjamin*
Botho Strauß: Marlenes Schwester/Theorie der Drohung. *Zwei Erzählungen*
Botho Strauß: Fragmente der Undeutlichkeit

Lionel Trilling: Kunst, Wille und Notwendigkeit. *Literaturkritische und kulturphilosophische Essays*

Paul Virilio: Krieg und Kino. *Logistik der Wahrnehmung*
Paul Virilio: Der negative Horizont. *Bewegung – Geschwindigkeit – Beschleunigung*

Derek Walcott: Das Königreich des Sternapfels. *Gedichte*
Ernst Wendt: Wie es euch gefällt, geht nicht mehr. *Meine Lehrstücke und Endspiele*

Marguerite Yourcenar: Mishima oder die Vision der Leere